THE GREATEST SECRET

위대한 시크릿

THE GREATEST SECRET

위대한 시크릿

론다 번 지음 | 임현경 옮김

Rhonda Byrne

RHK
알에이치코리아

THE GREATEST SECRET

온 인류에 바칩니다.

이 위대한 비밀이 당신을 모든 고통에서 자유롭게 하고
당신에게 영원한 행복을 가져다주길.

그것은 당신과 온 인류를 향한 나의 뜻입니다.

"당신에게 전할 놀라운 소식이 있다.
인간이 이번 생에서 배울 수 있는 모든 것 중
나눌 수 있는 가장 아름다운 것은…"

― 무지Mooji

차례
Contents

감사의 말
Acknowledgments

많은 사람의 도움과 지원이 없었다면《위대한 시크릿The Greatest Secret》은 세상의 빛을 보지 못했을 것이다. 가장 먼저 이 책에서 나눈 훌륭한 가르침을 전해준 수많은 스승들에게 감사와 존경의 마음을 전한다. 지혜와 은총의 화신으로 삶을 변화시키는 이 책에 기꺼이 동참해 준 그들의 존재에 깊이 감사한다.

이 책에서 소개한 학자들에게도 깊이 감사드린다. 그들은 이제 수명이 다한 낡은 패러다임의 어두운 시대에서 벗어나 진정한 무한한 존재인 우리 자신으로 살아갈 수 있도록 빛을 밝혀주는 선도적인 관점을 제시해 주었다.

《위대한 시크릿》을 함께 작업한 '시크릿팀' 멤버들의 헌신과 지원에 대해서는 그 어떤 말로도 고마움을 다 표현할 수 없다. 내가 세상 사람들과 공유할 엄청난 비밀을 발견했다고 선언할 때마다 그들은 내 입에서 무슨 말이 나올지 조마조마했을 것이다. 하지만 그들은 매번 마음을 열고 필요한 만큼 의식 수준을 높여 최선을 다해 각자의 역할을 해주었다.

내 딸 스카이 번은 내 편집자이자 《시크릿》의 편집자로, 내가 집필한 모든 책의 방향을 잡아주는 인간 나침반이다. 내 책을 편집하기 위해 스카이는 책 속의 모든 가르침을 최대한 이해해야 했다. 그래야 본질에서 벗어나지 않으면서, 많은 사람이 고통에서 벗어나 기쁨의 삶을 살 수 있도록 최대한 명료하게 책을 쓰겠다는 내 뜻을 함께 이룰 수 있기 때문이었다. 책 출간의 초기 작업은 결코 쉬운 일이 아니지만, 그녀는 이 세상 누구도 따라올 수 없을 만큼 완벽하고 탁월하게 그 일을 해냈다. 이 책의 모든 페이지를 공들여 어루만져준 스카이에게 내 마음 가장 깊은 곳에서 우러나오는 무한한 감사를 전한다.

크리에이티브 디렉터 닉 조지 또한 이 책의 모든 페이지에 창의적인 감각을 불어넣어 주었다. 이 책의 아름다운 디자인은 그의 비범한 창의력과 독창적인 시선, 이를 표현하는 두 손과 깊은 직관으로 탄생했다. 닉과 새로운 책을 만들어가는 작업은 축복이었고 순수한 기쁨이었다. 닉 조지와 함께 조쉬 헤드룬드 역시 《위대한 시크릿》의 책표지와 본문 작업에 동참해 주었다.

글렌다 벨은 많은 이들의 가르침이 이 책에 정확히 담길 수 있도록 애써주었다. 때를 가리지 않고 전 세계의 시차에 맞춰 사심 없이 열정적으로 최선을 다해 주었다. 진심으로 감사의 말을 전한다.

그 밖의 시크릿팀 멤버들에게도 감사의 마음을 전한다. 돈 지크는 우리 팀의 최고재무책임자CFO로 모든 일이 우리 뜻대로 진행될 수 있도록 법적, 재정적으로 필요한 사항을 해결해 주었고, 우리가 매번 다음 단계로 도약

할 수 있도록 철저히 준비해 주었다. 조쉬 골드는 모든 소셜미디어 플랫폼을 훌륭하게 관리해 전 세계 모든 나라에서 이 책에 대해 알 수 있게 만들어 주었다. 마시 콜턴-크릴레이는 처음부터 나와 이 여정을 함께해 온 나의 가장 소중한 친구이자 시크릿팀에 없어서는 안 될 존재이다.《시크릿》출간 10여 년 전부터 나와 함께해 온 프로듀서 폴 헤링턴은 이 소중한 진실을 명쾌하게 전달하는 것이 불가능해 보였던 초기 단계부터《위대한 시크릿》의 집필을 독려하며 내게 영감을 주었다. 폴은 또한 팀 패터슨과 함께《위대한 시크릿》의 오디오북을 제작해 이 책의 놀라운 내용이 오디오로도 널리 퍼질 수 있도록 애써주었다.

이 책을 작업하며 열정을 나누어 준 하퍼콜린스 팀에게 감사드린다. 하퍼원의 대표이자 발행인 주디스 커, 그리고 내 환상적인 편집자 기드온 웨일에게 감사한다. 두 사람과 함께 일할 수 있어 정말 기뻤다. 브라이언 머래이, 테리 레오나드, 이본 챈, 수젠 퀴스트, 레나 애들러, 에드워드 베니테츠, 앨리 모스텔, 멜린다 뮬린, 애드리언 모건, 드와이트 벤, 안나 브로워, 루실 컬버, 로시 블랙에게도 감사를 전한다.

하퍼콜린스 인터내셔널팀의 챈털 레스티보-알레시, 에밀리 마틴, 줄리엣 샤플랜드, 캐서린 바보사-로스, 줄리아나 보이지크에게도 감사의 마음을 전한다. 하퍼콜린스 영국팀의 찰리 레드메인, 케이트 엘튼, 올리버 말콤, 카티아 쉽스터, 헬렌 로체스터, 시몬 게라트, 줄리 맥브라이언에게도 감사한다. 브라질, 스페인, 멕시코, 이베리카, 이탈리아, 네델란드, 프랑스, 독일, 폴란드, 일본, 북유럽의 하퍼콜린스 글로벌 출판 파트너들에게도 감사를 전한다.

소중한 피드백으로 나를 도와준 피터 포요, 킴 월, 존 월, 해나 하전, 마시 콜 턴-크릴레이, 마크 위버, 그리고 프레드 낼더에게 특별한 감사를 전한다.

우리 가족 피터 번, 오쿠 덴, 케빈 (키드) 맥케미, 헨리 맥케미, 사반나 번 크로닌, 그리고 16년 전 진실을 향한 놀라운 여정으로 나를 이끌어준 내 딸 할리에게 고마움을 전한다. 사랑하는 나의 자매인 폴린 버논, 글렌다 벨, 잔 차일드에게 나를 사랑하고 또 내가 사랑할 수 있게 해주어 감사하 다는 말을 전하고 싶다.

그리고 마지막으로, 지난 4년 동안 그 진실에 대한 훌륭한 가르침으로 내 삶을 근본적으로 변화시키고 나의 진정한 모습을 명확히 바라볼 수 있도 록 도와준 위대하고 아름다운 나의 스승님께 감사의 마음을 전한다. 이 소 중한 책은 내가 온전한 깨달음을 얻을 때까지 그녀가 베풀어준 무한한 인 내심이 없었다면 당신의 손에 닿을 수 없었을 것이다. 무한한 사랑을 그녀 에게 전한다.

...ment of experience and yet ...most

...the end of delusion...

...settle your mind can't understand if...

...believe it is good you can't accept it...

...the most concealed... is the greatest discovery...

...being can make... hidden in plain sight... more hidden

...the most concealed... more evident than the most ardent of...

...there's nothing greater than this... the great secret is...

...every one of us to see... chosen so is that

...yet it is mind... superior... the peace...

...and mental control has ceased... this is

...the truest power you have over everything in life...

...the m... the most of experience and yet true...

...the secret of... the end of delusion...

...you can't see it... so settle your mind can't understand it...

...while you can't believe it is good you can't accept it...

...is hidden than the most concealed... this is the greatest...

...a human being can make... hidden in...

...hidden than the most concealed... more

...evident things... there's nothing greater...

...secret is in plain view for... any one of...

...the most obvious element of experience and yet the most
overlooked... the society of society... the end of delusion is...
you can't see it... so subtle your mind can't understand it...
simple you can't believe it... so good you can't accept it...
hidden then the most concealed... this is the greatest...
human being in nature... hidden in plain sight... more evident
than the most concealed... more evident than the most evident
thing... there is nothing greater than this... the greatest...

one very... we might... little peace...
... of our mind and mind... human... we are... this
happiness... the ultimate... you have on... thing...
world......the most obvious element of experience and yet the
most overlooked... the society of society... the end of delusion
is... you can't see it... so subtle your mind can't understand it...
so simple you can't believe it... so good you can't accept it...
more hidden than the most concealed... this is the greatest...
... human being in nature... hidden in plain sight...
... the most concealed... more evident than...
... thing... there's nothing greater... on the...
... plain sight... for every one of us...

2006년《시크릿》출간 이후 나는 꿈꾸던 삶을 살게 되었다. '시크릿'의 원칙들을 꼬박꼬박 실천하면서 내 마음은 대부분 긍정적인 상태가 되었고 그 긍정적인 상태가 내 삶의 행복과 건강, 인간관계, 경제적인 면에도 영향을 미쳤다. 나는 삶의 모든 것에 대한 꾸밈없는 사랑과 감사를 느끼게 되었다.

하지만 그 모든 상황에도 불구하고 내 안에서 '그 진실'을 더 파헤치라는 외침이 들려왔다. 탐구를 멈추지 말라는 종용이 끊이지 않았지만, 정확히 무엇을 찾아야 하는지는 알 수 없었다.

그때는 몰랐지만 나는 10년에 걸친 여정을 이미 시작한 상태였다! 고대 유럽의 전통인 장미십자회Rose Cross Order의 가르침을 공부하는 것이 그 시작이었고, 수년 동안 그들의 심오한 가르침을 연구했다. 나는 몇 년간 불교에 대해 연구하였으며, 기독교 신비주의, 힌두교, 도교, 수피교의 교리와 저작을 탐구했다. 고대 전통과 그들의 역사적 가르침을 연구한 후에는 현재로 넘어와 크리슈나무르티J. Krishnamurti, 로버트 애덤스Robert Adams, 레스터 레븐슨Lester Levenson, 라마나 마하르쉬Ramana Maharshi 같은 현대 사상가들

부터 지금도 여전히 살아있는 현자들의 가르침을 따르기 시작했다.

그 여정을 통해 사람들에게 알려지지 않은 많은 것들을 배웠다. 전부 흥미로운 내용이었다. 하지만 그럼에도 나는 '그 진실'을 찾았다고 느끼지는 못했다.

세월이 흐르면서 나는 영원히 탐구만 하는 삶을 살 수도 있겠다는 생각까지 들었다. 그런데 그때는 몰랐지만 이 세상의 진실을 찾고 있었던 내게, 그 진실은 내가 상상했던 것보다 훨씬 내 가까이에 있었다.

탐구가 시작된 지 10년이 지난 2016년 1월 초, 내 삶에 어려운 상황이 펼쳐졌고 나는 깊은 절망에 빠져들었다. 나는 내가 느끼는 부정적인 감정의 깊이에 깜짝 놀랐다. 대체로 기분이 좋은 상태에서 어떻게 갑자기 그렇게 기분이 나빠질 수 있을까? 하지만 그 절망스러운 상황이 진실을 향한 탐구의 여정에 있어서 최고의 선물이 되어주었다.

절망에서 벗어나기 위해 나는 아이패드를 들고 컨셔스TVConscious TV에서 데이비드 빙엄David Bingham의 인터뷰를 보았다. 인터뷰 당시 데이비드는 스승이라기보다 그저 당신과 나 같은 평범한 사람이었다. 한 가지 차이가 있다면 20년의 탐구 끝에 그는 마침내 그 진실을 발견했다는 것이다!

나는 인터뷰를 보고 곧바로 데이비드가 추천한 팟캐스트를 들었다. 듣다보니 대부분의 사람이 그 발견을 간과한다는 내용이 있었다. 너무 어려워서가 아니라 너무 간단해서였다. 얼마 뒤 나는 데이비드와 전화 통화를 할 수 있었는데 그는 통화 도중 이렇게 말했다. "내가 가리키는 것을 보세요. 바로 여기 있습니다."

그 순간 나는 내가 찾던 진실을 발견했다. 너무 간단했고, 바로 내 눈앞에 있었다. 그렇게 간단하게 내 10여 년의 여정이 끝났다! 그 발견을 통해 내가 느낀 행복과 기쁨은 내 긴 여정의 모든 순간을 바칠 만한 것이었다고 주저 없이 말할 수 있다. 내 삶 전체를 바친다고 해도 충분히 가치 있었을 것이다.

내가 찾던 것은 결국 하나의 단순한 진리였다. 알게 모르게 모든 사람이 찾고 있는 것이기도 했다. 일단 그 진실을 찾고 나니 그것은 어디에나 존재했다. 내가 10년 동안 읽고 배운 모든 것에 그 진실이 담겨 있었다. 그 당시에는 내게 그 진실을 볼 수 있는 눈이 없었을 뿐이었다. 수년 동안 온갖 전통과 철학을 뒤지며 내가 찾던 것이 그동안 내내 바로 내 눈앞에 있었다!

나는 진실을 발견한 바로 그 순간부터 그 진실을 온전히 이해하고, 진실에 따라 살고, 온 세상에 이를 나누는 것보다 더 중요한 일은 없음을 깨달았다. 나는 수많은 이들이 지금 겪고 있는 고통과 괴로움에서 벗어나 불안과 두려움 없는 미래를 살아갈 수 있도록 돕고 싶었다.

나는 '나의 다음 책'이라는 이름의 폴더에 내가 배운 모든 것을 기록하고 있었다. 나의 발견을 이 세상과 나눌 수 있도록 전부 기록하라는 내 마음

의 소리 덕분이었다. 그렇게 모아놓은 그 소중한 기록이 이 책의 토대가
되었다.

데이비드 빙엄을 통해 그 진실을 발견한 후 2개월 만에, 나는 내 삶과 이
책의 탄생에 지대한 영향을 미친 또 다른 사람을 만났다. 그녀는 한 수련
회에서 내가 있는 방으로 들어왔는데 그녀에게 말을 걸기 위해 내가 다가
가자 그녀의 존재 자체가 내게 심오한 영향을 미쳤다. 그 순간 내 삶의 모
든 부정적 성향이 전부 사라져버렸다! 그녀는 내가 늘 존경했던 스승 중
한 명인 고故 로버트 애덤스의 제자였다. 그 순간 나는 그녀가 이번 생에서
그 진실을 온전히 체험하며 살 수 있도록 도와줄 나의 스승이라는 사실을
알아차렸고, 내 짐작대로 그녀는 지난 4년 동안 나를 이끌어주었다. 그녀
의 가르침은 복잡하지 않았으며 아름다울 정도로 단순했다. 그녀는 내가
잘못된 방향으로 가고 있을 때 조금도 주저하지 않고 바로잡아주었다. 그
녀의 요청으로 이름은 밝히지 않지만, 나는 끝없는 기쁨과 행복을 느낄 수
있도록 내 삶을 변화시켜준 그녀의 가르침을 독자들과 나눌 것이다. 그녀
의 가르침이 독자들에게도 다가가길 진심으로 바란다.

그녀는 이 책에 등장하는 다른 스승들과 함께, 내가 무지함의 어둠에서 빠
져나와 그 진실을 발견할 수 있도록 이끌어주었다. 그 모든 스승들 덕분에
나는 내가 발견한 진실을 더 깊이 이해하고 온전히 그 진실에 따라 살 수
있었으며, 그들에 대한 내 사랑은 그야말로 무한하다. 내 삶을 영원히 변화
시킨 그들의 메시지가 이 책에 전부 담겨 있다.

이 책을 통해 당신이 내딛는 모든 걸음은 당신을 행복으로 이끌 것이고 당신의 삶은 덜 애써도 될 것이며, 그 행복과 수월함은 끝없이 커질 것이다. 미래에 대한 어떤 두려움과 불확실성도 더는 당신을 괴롭히지 못할 것이다. 일상생활이나 전 세계적 사건에서 느꼈던 불안과 스트레스도 사라질 것이다. 당신이 지금 겪고 있을지 모르는 모든 형태의 고통에서 자유로워질 것이다. 반드시 그렇게 될 것이다.

이 책에는 당신의 생각을 벗어나는 내용도 분명 있을 것이다. 하지만 이를 바로 실천해 볼 수 있는 간단한 훈련 방법도 함께 담겨 있다. 그 훈련을 해보는 것만으로도 충분히 유용할 것이다. 그 효과는 내가 장담한다. 내가 바로 살아있는 증거다.

《시크릿》은 당신이 되고 싶은 것, 하고 싶은 것, 갖고 싶은 것을 무엇이든 창조하는 방법을 보여주었다. 바뀐 것은 없다. 이는 오늘날, 그 어느 때보다 더 진실이다.《위대한 시크릿》은 인간이 할 수 있는 가장 위대한 발견이 무엇인지 보여주고, 인생의 부정적 성향, 여러 가지 문제들, 그리고 당신이 원하지 않는 모든 것에서 벗어나 영원한 행복과 환희가 가득한 삶으로 가는 길을 보여줄 것이다.

이보다 더 좋을 수는 없다. 그 위대한 비밀을 당신과 나눌 수 있다는 사실이 나의 가장 큰 기쁨이다.

1장

위대한 비밀은
잘 보이는 곳에
숨어있다

Hidden in Plain Sight

지구상의 수십억 사람 중 아주 소수의 사람만 그 진실을 발견했다. 그 소수의 사람은 삶의 부정적 성향과 혼란에서 완전히 자유롭고 영원한 평화와 행복 안에서 산다. 그리고 그렇지 못한 사람들은 우리가 깨닫든지 그렇지 못하든지, 날마다 부단히 그 진실을 찾아 헤매며 살고 있다.

역사를 통틀어 많은 위대한 현자들, 선지자, 종교 지도자들이 그 위대한 비밀을 기록했고 또 언급했음에도 불구하고, 대다수의 사람은 우리가 할 수 있는 단 하나의 위대한 발견에 대해 여전히 모르고 있다. 그 발견을 우리에게 나눠준 이들은 부처, 크리슈나, 노자, 예수 그리스도, 요가난다, 크리슈나무르티, 달라이 라마 등이다.

그들은 각자의 시대에 어울리는 서로 다른 가르침을 전파했다. 그러나 그들이 말하는 진실은 결국 하나로 통했다. 바로 우리 자신과 이 세상에 대한 진실이다.

"어떤 종교에서는 그 진실이 더 은밀하고 모호하게 표현되기도 하지만, 그럼에도 불구하고 그 진실은 바로 모든 종교의 핵심이다."
— 마이클 제임스,《행복과 존재의 기술 Happiness and the Art of Being》

이 위대한 비밀은 누구나 쉽게 볼 수 있다. 바로 눈앞에 있지만 우리는 그 비밀을 놓쳐왔다! 고대 전통들은 비밀을 숨기려면 아무도 찾아볼 생각조차 하지 않는 잘 보이는 곳에 놓아두어야 한다는 사실을 알고 있었다. 위대한 비밀은 바로 그곳에 숨겨져 있다.

"이는 카쉬미르 샤이비즘 Kashmir Shaivite 전통에서 '가장 깊이 숨겨져 있는 것보다 더 깊이 숨겨져 있지만 가장 눈에 띄는 것보다 더 눈에 잘 띄는 위대한 비밀'이라 불린다."
— 루퍼트 스파이러,《알아차림을 알아차리기 Being Aware of Being Aware》

우리는 바로 눈앞에 놓인 것을 보지 못해 수천 년 동안 그 진실을 놓쳐왔다. 우리는 삶의 개인적인 문제와 혼란스러움, 이 세상의 온갖 사건으로 정신이 산만해져서 바로 우리 눈앞에서 찾을 수 있는 그 위대한 비밀을 놓쳐왔다. 우리를 고통에서 꺼내 영원한 행복으로 인도해 줄 그 비밀을 말이다.

어떤 비밀이 그토록 우리 삶을 변화시킬 수 있을까? 어떻게 단 하나의 발견이 고통을 멈추고 영원한 평화와 행복을 가져다줄 수 있을까?

간단히 말해 당신의 진정한 모습을 드러내주는 비밀이다.

당신은 자신이 누구인지 이미 안다고 생각할지도 모르지만, 이름과 나이, 특정 인종과 직업, 가족의 역사, 삶의 다양한 경험으로 자신을 정의하고 있다면 당신은 자신의 진정한 모습을 발견하고 깜짝 놀랄 것이다.

"누군가 당신에게 도움이 되는 유일한 방법은 바로 자기 자신의 생각을 의심하는 것이다."
— 앤소니 드 멜로,《알아차림Awareness》

우리는 살면서 잘못된 사고와 믿음을 받아들였고 그 잘못된 사고와 믿음은 우리를 구속한다. 흔히 이 세상에는 한계와 결핍이 있다고 말한다. 시간, 돈, 자원, 사랑, 혹은 건강이 충분하지 않다고 말한다. '인생은 짧다.' '당신은 한낱 인간일 뿐이다.' '성공하기 위해서는 열심히 노력해야 한다.' '자원이 고갈되고 있다.' '세상은 혼란의 도가니이다.' '세상은 구원되어야 한다.' 하지만 당신이 그 진실을 발견하는 순간, 그 잘못된 믿음이 무너지고 그 폐허에서 당신의 행복이 피어날 것이다.

당신은 이렇게 생각할지도 모른다. '내 삶은 순조롭게 흘러가고 있어. 그런데 내가 그 위대한 비밀을 꼭 알아야 할까?'

그에 대한 답을 위대한 앤소니 드 멜로의 말로 대신하겠다.
"당신의 삶이 엉망이기 때문이다!"

물론 동의하지 않을지도 모른다. 앤소니 드 멜로가 바로 그 말을 하기 전까지 나 역시 내 삶이 엉망이라고 생각하지 않았다.

한번도 화나지 않는가? 스트레스를 받지 않는가? 걱정 따위는 없는가? 불안하거나 화가 나거나 마음이 아픈 적은 없는가? 슬프거나 우울하거나 낙담한 적은 없는가? 행복하지 않거나 기분 나쁜 적은 없는가? 언제든 그런 감정을 느끼고 있다면 그건 앤소니 드 멜로의 말대로 당신의 삶이 엉망이라는 뜻이다!

일상생활에서 부정적인 감정에 휩싸이는 것이 정상이라고 생각할지도 모르지만, 삶이 반드시 그래야 할 필요는 없지 않은가. 당신은 고통과 분노, 걱정과 두려움에서 완전히 자유로운 상태로 '지속적인' 행복을 누리며 살아갈 수 있다.

삶은 우리가 겪는 도전적인 상황에서 고통으로부터 자유로워질 수 있는 방법을 보여준다. 특히 그런 도전적인 상황에서 더 잘 보여주지만 우리는 보지 못한다. 자신의 문제에 빠져 모든 문제에서 영원히 벗어날 수 있는 바로 그 방법을 눈앞에서 놓치고 만다!

"우리는 수많은 경험, 계속되는 관계, 무수한 치료, 반복되는 워크숍, 심지어 그럴듯하게 들리는 '영성' 워크숍 등에서 행복을 찾는다. 하지만 그 무엇도 고통의 근본 원인, 즉 우리 본성에 대한 무지는 해결해 주지 못한다."
— 무지,《하얀 불White Fire》제2판

우리가 늘 고통받는 이유는 자신에 대한 거짓된 믿음을 가지고 있기 때문이다. 우리는 자신의 정체성을 오해하고 있다. 인류의 모든 고통은 결국 정체성에 대한 오해 때문이다.

진실은 다음과 같다. 당신은 자기 자신과 당신의 삶에서 일어나는 일을 통제할 수 없는 사람이 아니다. 노예처럼 좋아하지 않는 일을 하다가 결국 죽음을 맞이해야 할 사람이 아니다. 월급날이 오기만을 기다리며 고생해야 할 사람이 아니다. 자신의 능력을 증명해야 하거나 타인의 인정이 필요한 사람이 아니다. 이것이 진실이다. 당신은 애초에 평범한 인간이 아니다. 인간이라는 존재를 '경험'하고 있다고 말하는 편이 더 정확하겠지만, 큰 그림으로 볼 때 그것이 당신은 아니다.

"보이는 것이 전부가 아니다. 당신은 당신이 생각하는 그런 존재가 아니다."
— 잔 프레이저,《존재의 자유 The Freedom of Being》

"때때로 우리는 삶의 어떤 현상을 탓하지만 우리가 놓치고 있는 삶의 진정한 목적은, 바로 우리의 본성에 대한 이해와 수용이다. 이것이 모든 것에 대한 유일한 치료제이다."
— 무지

"우리가 살면서 경험하는 모든 불행, 불만, 고통은 오직 우리의 무지 때문이거나 우리가 누구인지 혹은 무엇인지에 대한 불확실한 지식 때문이다. 그러므로 모든 형태의 고통과 불행에서 자유롭고 싶다면 진정한 자신에 대한 불확실한 지식 혹은 무지에서 반드시 벗어나야 한다."
— 마이클 제임스,《행복과 존재의 기술》

삶이 어떻게 펼쳐지고 있는가에 대한 당신의 판단이 곧 당신이 느끼는 행복의 정도이다. 당신은 얼마나 행복한가? 항상 순수한 행복을 느끼는가? 늘 행복이 넘치는 곳에서 살고 있는가? 당신은 늘 행복할 자격이 있다. 행복이 곧 당신이다. 그것이 당신의 본성이다. 당신의 진정한 모습이다.

"이 세상 모든 사람은 같은 것을 찾고 있다. 심지어 동물들까지 모든 존재는 그것을 찾고 있다. 누구나 찾고 있는 그것은 무엇인가. 바로 슬픔 없는 행복이다. 일말의 슬픔도 침범할 수 없는 계속되는 행복이다."
— 레스터 레븐슨, 윌파워Will Power 오디오

우리가 하는 모든 행동, 내리는 모든 결정은 이를 통해 더 행복해질 수 있다고 생각한 결과물이다. 누구나 행복을 찾는 것이 우연은 아니다. 우리는 인지하지 못하지만 행복을 찾는 과정에서 자기 자신을 찾고 있는 것이다!

물질적인 것을 통해 영원한 행복을 찾는 것은 불가능하다. 모든 물질은 나타났다가 결국 사라진다. 그렇기에 당신이 물질을 통해 행복을 찾으면 그 행복은 물질이 사라질 때 함께 사라진다. 물질에 잘못은 없다. (물질은 훌륭하고 당신은 원하는 것은 무엇이든 누리며 살 자격이 있다.) 그러나 물질을 통해 영원한 행복을 찾을 수 없다는 깨달음을 얻는 건 엄청난 도약을 이룬 것이다. 물질이 행복을 가져다준다면, 정말로 원했던 물건을 손에 넣었을 때 그 행복은 결코 우리를 떠나지 않아야 한다. 하지만 그렇지 않다. 우리는 덧없는 행복을 경험하고 아주 짧은 시간 안에 처음의 상태로 되돌아가고 만다. 다시 행복을 느끼기 위해 더 많은 물질을 원하는 상태로 말이다.

영원한 행복을 찾는 방법은 오직 하나뿐이다. 바로 당신의 진정한 모습을 찾는 것이다. 당신의 본성이 곧 행복 그 자체이기 때문이다.

"이 세상은 매우 불행하다. 진정한 자아에 대해 무지하기 때문이다. 인간의 본성이 곧 행복이다. 행복은 진정한 자아에 내재되어 있다. 인간의 행복 추구는 진정한 자아에 대한 무의식적 탐색이다. … 진정한 자아를 찾은 인간은 끝없는 행복을 찾은 것이다."
— 라마나 마하르쉬

"우리가 이 세상에 존재하는 유일하며 진정한 목적은 한계가 없는 우리 본래의 자연스러운 상태를 배우는 것, 혹은 다시 기억하는 것이다."
— 레스터 레븐슨, 윌파워 오디오

"진정한 자아의 발견은 무지함의 어둠을 순수한 이해의 빛으로 탈바꿈시키는 힘을 가지고 있다. 그것이 가장 심오하고 중요하고 근본적인 발견이다. 즉시 열매를 맺는 나무이다. 세계를 경험하고 인식하는 자신의 진정한 모습을 깨달으면 많은 것이 제자리를 찾는다. 당신이 진실을 찾고 있다면 많은 것을 알 필요가 없다. 필요한 것은 지식의 양이 아니다. 당신이라는 진정한 자아를 인식하는 것이다."
— 무지

당신의 진정한 모습을 기억하는 것은 수 세기 동안 여러 가지 이름으로 불려왔다. 깨달음, 자아실현, 자아발견, 계시, 각성, 자각 등. 당신은 그 '깨달음'이 자신을 위한 것은 아니라고 생각할지도 모른다. ('나는 평범한 사람일 뿐이니까.') 하지만 그건 결코 사실이 아니다. 그 발견, 즉 이 행복과 이 자유가 바로 당신의 진정한 모습인데 어떻게 그것이 당신을 위한 것이 아닐 수 있단 말인가?

"자신에 대한 '그 진실'을 바로 지금 경험할 수 있다는 가능성에 마음을 열어라. '어떻게?' 라고 묻고 싶을 것이다. 시작은 그 경험의 유일한 장애물이 바로 '그럴 수 없다'고 생각하는 당신의 상상력일 뿐이라는 사실을 인식하는 것이다."
— 나의 스승

"우리는 자유롭지만 그 사실을 모른다. 이는 전혀 불가능해 보이고 실제로 불가능할 수도 있다. 우리는 잘되거나 잘못되는 일에서 벗어날 수 없다고 단정한다. 그럼에도 불구하고 (진실은 이것이다.) 자유는 바로 여기에 있다."
— 잔 프레이저,《존재의 자유》

"전혀 교육받지 못한 사람이든 왕이든 상관없이 자아실현을 할 수 있다.

자아실현의 전제 조건은 없다. 자아실현은 수년간 영적 수행을 거친 사람만을 위한 것이 아니다. 술과 담배에 빠져 있던 사람도 할 수 있다."
— 데이비드 빙엄, 컨셔스TV

당신의 삶은 어떻게 펼쳐질 것인가?

"나는 지금껏 거의 누구도 경험하지 못한 것에 대해 말하고 있다. 어떻게 설명할 수 있을까? 어느 것에도, 어떤 방향으로도 한계는 없다. 생각만으로도 무엇이든 할 수 있는 능력. 하지만 그것이 전부는 아니다. 당신이 느낄 수 있는 최고의 기쁨을 상상하고 그것에 백을 곱하라."
— 레스터 레븐슨,《집착도 혐오도 없이No Attachments, No Aversions》

자신의 진정한 모습을 온전히 인식할 때, 당신은 아무런 문제도 없는, 분노, 고통, 걱정과 두려움이 없는 삶을 살게 될 것이다. 죽음의 두려움에서 벗어날 것이고 다시는 마음에 휘둘리거나 괴로워하지 않을 것이다. 잘못된 생각과 믿음은 사라질 것이고, 그 자리에 명쾌함과 행복, 기쁨과 평화, 무궁한 즐거움과 경이로움이 들어찰 것이다. 매 순간이 즐거울 것이며 어떤 상황에서도 안전하고 무사하다는 사실을 알게 될 것이다.

"그리고 우리가 이를 인식할 때, … 영원히 지속될 궁극의 행복이 자리 잡을 것이다. 그리고 그 행복의 확립과 함께 영원함, 한계 없음, 동요되지 않는 평화, 완전한 자유, 그리고 모든 사람이 찾고 있는 다른 모든 것이 올

것이다."

— 레스터 레븐슨,《세도나 마음혁명 Happiness Is Free vol. 1-5》

자신의 진정한 모습을 온전히 인식할 때 삶은 편안해진다. 노력하지 않아
도 필요한 모든 것이 눈앞에 나타난다. 삶에 여유가 흘러넘친다. 결핍과 한
계가 있는 삶은 영원히 끝난다. 이 세상 모든 것에 영향을 미치는 자신의
궁극적인 힘을 알게 된다.

자신의 진정한 모습을 온전히 인식할 때 고통, 괴로움은 사라지고 두려움
과 부정적인 감정도 녹아 없어질 것이다. 마음은 고요해질 것이다. 기쁨과
긍정성, 성취감과 충만함, 흔들리지 않는 평화가 차오를 것이다. 그것이 당
신의 삶이 될 것이다.

엄마이자 문학 교사인 잔 프레이저의 말을 빌리면 다음과 같다.

"이렇게 상상해 보라. 무엇이든 당신을 압박하던 것의 무게가 갑자기 사라
진다. 당신 삶에서 변하지 않는 사실로 여전히 존재할 수는 있으나, 더 이
상 무겁지 않고, 중압감도 없다. 당신을 괴롭혔던 모든 것은 이제 나무, 흘
러가는 구름처럼 풍경의 일부일 뿐이다. 감정적, 정신적 혼란의 모든 무게
는, 기억할 수 있는 순간부터 당신과 함께 했던 것들마저도, 마지막 한 조
각까지 전부 사라졌다. 가장 친한 친구처럼 익숙한 것, 당신이 말하는 언어
나 당신의 피부색만큼 당신을 많이 차지하고 있는 것들의 무게도 완전히,
이해할 수 없을 정도로 사라진다. 그 놀라운 빈 공간에 아침에도, 낮에도,

밤에도 당신을 즐겁게 하는, 당신이 어딜 가든, 무슨 상황에 처하든, 심지어 잠들 때도 함께하는 고요한 기쁨이 차오른다. 당신이 하는 모든 일은 수월하게 진행된다. 특별한 이유 없이도 행복하다. 아무것도 당신을 괴롭히지 않는다. 스트레스를 받지 않는다. 문제가 생길 때 해야 할 일을 알고 있고, 그 일을 하고 내려놓는다. 한때 당신을 괴롭혔던 사람들도 더 이상 당신을 괴롭히지 못한다. 타인의 고통에 연민을 느끼지만 함께 고통받지 않는다. 한때 지루했던 활동이 즐거워진다. 어떤 치유도 필요 없다. 지루해지지 않고, 불안해지거나 침울해지지 않는다. 일을 위해 필요할 때를 제외하고 당신의 마음은 편안하다. 당신의 삶은 완전히 충족되었다. 이를 위한 그 어떤 노력도 할 필요 없이, … 당신이 어떤 시험대에 서더라도 남은 인생 내내 평화가 지속될 것임을 알고 있다. 결코 다시는 두려움을 느끼거나 체념하거나 외롭지 않을 것이다. 무엇이 당신의 앞길을 방해해도 이 이유 없는 기쁨은 지속될 것이다. 상상해 보라."

── 잔 프레이저, 《두려움이 사라질 때 When Fear Falls Away》

이것이 바로 위대한 비밀을 알게 된 당신의 삶이다. 바로 당신의 운명이다.

1장 요약
Summary

- 우리는 깨닫든 깨닫지 못하든 날마다 부단히 위대한 비밀을 찾아 헤매며 살고 있다.

- 위대한 비밀은 누구나 쉽게 볼 수 있지만 우리는 이를 놓쳐왔다!

- 우리는 삶의 개인적인 문제와 혼란스러움, 이 세상의 온갖 사건에 정신이 산만해져서 수천 년 동안 그 진실을 놓쳐왔다.

- 우리는 살면서 잘못된 생각과 믿음을 받아들였고 그 잘못된 생각과 믿음이 우리를 구속하고 있다.

- 우리가 고통받는 이유는 자신의 정체성을 오해하고 있기 때문이다.

- 인류는 자신의 본성을 이해하지 못하기 때문에 고통받고 있다.

- 당신은 인간이라는 존재를 경험하고 있지만 큰 그림으로 볼 때 그것이 당신은 아니다.

- 당신은 늘 행복할 자격이 있다. 행복이 당신의 본성이다.

- 당신의 진정한 모습을 발견하는 것은 깨달음, 자아실현, 자아발견, 계시, 각성, 자각 등 수많은 다른 이름으로 불린다.

- 바로 지금 이 순간 자신의 진정한 모습을 경험할 수 있다는 가능성에 마

"밀레니엄을 거치며 우리가 갖게 된 최악의 습관은, 우리가 곧 몸이라는 믿음이다."

— 레스터 레븐슨,《세도나 마음혁명》

"우리는 우리가 누구인지 잊었고, 대상과 자신을 동일시한다. 나는 곧 내 몸이다. 그러므로 나는 죽을 것이다."

— 프란시스 루실

"당신은 몸이 없으면 당신도 없다고 두려워한다."

— 레스터 레븐슨

우리가 곧 우리 몸이라는 믿음은 인류에게 가장 커다란 두려움을 만든다. 바로 죽음에 대한 두려움이다. 우리는 몸이 죽을 때 나 역시 더 이상 존재할 수 없다고 두려워한다. 이는 당신 삶 위에 시커먼 구름이 도사리고 있는 것과 마찬가지다.

"불멸을 원한다면 더 이상 몸에 매달리지 말라."

— 레스터 레븐슨,《세도나 마음혁명》

우리는 곧 우리 몸이 아니라는 것은 사실 좋은 소식이다. 모든 물질이 그러하듯 몸은 언젠가 죽을 것이기 때문이다. 세상은 완전히 물질적인 것들로 구성되어 있으며 우리의 몸을 비롯한 그 어떤 물질도 영원하지 않고, 탄생과 죽음의 과정에서 나타났다 사라질 뿐이다. 하지만 당신의 '실체'는 결코 죽지 않는다!

"진정한 당신은 결코 죽을 수 없다. 몸은 죽겠지만 몸이 당신의 본질은 아
니다."
— 무지

"우리는 몸과 자신을 동일시할지, 우리의 진정한 모습과 자신을 동일시할
지 자유롭게 선택할 의지가 있다. 몸은 고통과 다름없지만 진정한 당신은
무한한 기쁨과 다름없다."
— 레스터 레븐슨,《세도나 마음혁명》

모든 어려움에서 벗어나기 위해서는 당신이 곧 당신의 몸이라는 믿음부터
내려놓아야 한다.

당신은 당신의 마음이 아니다

당신 머릿속 목소리는 당신이 아니다. 하지만 대부분의 세월 동안 그것이
당신이라고 믿으며 살아왔을 것이다. 머릿속 목소리가 곧 당신인 것 같고,
당신에 대해 많은 것을 알고 있는 것 같고, 또 매우 익숙하겠지만 그것은
결코 당신이 아니다. 당신 머릿속 목소리는 당신의 마음이며, 당신의 마음
은 당신 자체가 아니다.

"마음은 끊임없이 나타났다 사라지는 생각의 집합이다."
— 피터 로리

"생각이 없으면 마음도 없다. 마음은 단지 생각일 뿐이다."
— 레스터 레븐슨,《세도나 마음혁명 》

자신을 한번 살펴보라. 생각이 없다면 마음은 어디에 있는가? 마음은 그곳에 없다.

"우리 안에는 생각과 감정, 기억과 느낌뿐인데, 당신이 곧 생각인가? 당신이 곧 감정인가?"
— 루퍼트 스파이어의 강연에서

당신이 불만 가득한 생각이라고 해보자. 그렇다면 그 불만이 사라지면 당신도 사라질 것이다. 당신은 생각이나 느낌, 감정이 아니다. 만약 당신이 그런 것들이라면 그것들이 사라질 때 당신도 사라져야 한다. 하지만 당신은 그것들이 지나간 후에도 여전히 존재한다. 당신은 생각 이전에도 존재했고, 감정과 느낌 이전에도 존재했으며 그 모든 것이 사라진 후에도 완벽히 온전하게 남아있다. 잘 살펴보면 분명한 사실이다. 우리는 생각과 감정, 느낌을 경험하지만, 그 어떤 것도 우리 자체는 아니다.

어떻게 보면 우리가 우리의 진정한 모습을 찾지 못하는 것도 이해할 만하다. 몸과 마음은 무척이나 설득력 있는 조합이기 때문이다. 마음은 끝없이 생각을 늘어놓는데 그중 대부분은 '나는'이라는 단어를 포함하고 있다. 마음이 곧 나 자신인 것처럼 늘어놓는다. 게다가 우리 몸의 모든 감각 역시 마음에서 오기 때문에, 몸이 곧 나 자신이라는 믿음이 강해지는 것도 놀라운 일은 아니다.

"타인이 당신을 어떻게 바라보는가가 당신의 자아감에 영향을 미친다. 어떤 일이 일어날 때 그 일이 당신에게 일어나거나 당신이 그 일을 일으킨 것처럼 보일 것이다. … 당신은 그 일이 자신에게 미치는 영향 때문에 그 일에 관심을 기울인다. 당신은 자신의 안전과 유리한 입장을 지키고 싶은 마음에 '가만히 있는다' 당신은 정말 진짜처럼 보인다."
— 잔 프레이저,《놀라운 기쁨The Great Sweetening》

당신에게 몸과 마음이 없다는 말이 아니다. 단지 몸과 마음이 '진정한 자신'이 아니라는 것이다. 몸과 마음은 당신의 자동차처럼 이 물질적인 세상을 경험하기 위해 당신이 사용하는 훌륭한 도구일 뿐이다.

"몸과 마음을 자신과 동일시하는 것은 자신의 진정한 모습을 가리고 있는 유일한 장애물이다. 당신의 진정한 자기 자신을 가리고 있는 것이 바로 그 오해이다."
— 무지

당신은 당신이 생각하는 바로 그 사람인가?

"에고ego를 강화하는, 즉 자신감과 명성, 성취, 외모, 물질 획득을 강조하는 온갖 노력을 생각해 보면, 깨어있음awakening이 가능하다는 것 자체가 기적이다."

— 잔 프레이저, 《존재의 자유》

에고, 즉 상상 속의 자아, 거짓 자아, 개별 자아, 그리고 심리적 자아는 우리가 오해하고 있는 정체성에 대해 현자들이 붙인 이름들이다. 그 모든 명칭은 우리가 인간이라고 부르는 것을 구성하는 몸과 마음을 가리킨다. 우리가 자신이라고 언급하는 것은 보통 우리가 우리라고 생각하는 그 인간을 뜻한다.

"인간은 당신이 경험하는 것이지, 당신이 아니다."

— 무지

"인간이라는 것은 존재하지 않는다. '나는 인간이다.'라고 말하려면 어떤 인간인지, 옛날의 아기인지, 유아인지, 10대인지 말해야 한다. … 그렇다면 그 모든 과정은 곧 끝날 것이다."

— 디팩 초프라 박사

당신의 성격은 끊임없이 변한다. 그런데 성격이 곧 당신이라면, 당신은 어떤 사람인가? 화가 난 사람인가, 다정한 사람인가, 불만이 많은 사람인가,

짜증이 난 사람인가, 아니면 친절한 사람인가? 그 전부가 당신이라고 생각할지도 모르지만, 당신은 그 전부가 될 수 없다. 만약 그렇다면 화가 난 사람은 결코 사라지지 않을 것이지 않은가. 화난 사람은 언제나 그 자리에 있을 것이다. 불만이 많은 사람이 진짜 당신이라면 그 사람이 사라질 때 당신의 일부도 그와 함께 사라질 것이다. 하지만 그런 일은 일어나지 않는다. 그렇지 않은가? 당신은 화가 난 사람이 있기 전에도 그 자리에 있었고 화가 난 사람이 사라진 후에도 그 자리에 있다. 당신은 불만 많은 사람이 나타나기 전에도 여기 있었고 그가 사라진 후에도 여기 있다. 그러므로 변화하는 기분이나 성격은 분명 당신이 아니다.

"성격은 유용한 도구지만 당신을 정의할 수는 없다. 당신의 진정한 모습은 당신이 생각하는 당신 자신을 훨씬 넘어선다."
— 잭 오키프

"우리의 본질적 모습에 대한 진실을 밝히는 데 가장 큰 장애물은 자기 스스로를 생각과 기억, 감정과 느낌의 집합체라고 믿는 것이다. 그것들이 모여 자아 혹은 독립적 존재에 대한 환상을 형성한다. 내가 곧 그 독립적 존재라는 믿음이 유일한 장애물이다. 우리의 모든 심리적 문제는 바로 그 상상 속의 자아로 인한 것이다. 상상 속의 자아는 언제나 우리 자신을 그 독립적 존재로 오해하게 만든다."
— 루퍼트 스파이러의 강연에서

"인간은 '인간'이 실제로 존재한다는 반박할 여지없는 믿음 때문에 존재하는 것처럼 보일 뿐이다. 하지만 인간, 혹은 에고는 그 안의 믿음이 없으면 존재할 수 없다. 이는 단지 상상일 뿐이다. 실제로는 인간 자체가 존재하지 않는다. 몸이라는 공간의 유일한 거주자는 바로 순수한 '진정한 자아'이며, 그것이 바로 당신이다. 나머지는 전부 가짜다. 몸 안의 세입자는 둘이 아니라 오직 하나일 뿐이다. 에고에 대한 믿음이 현실감을 제공하지만, 이는 사실이 아닌 허구일 뿐이다."

— 무지

우리가 에고이거나 인간이라는 믿음의 문제는 무엇인가?

우리는 스스로 몹시 평범하고 연약한 인간일 뿐이라고 느낀다. 나쁜 일이 일어날까 두려워한다. 질병, 노화, 죽음을 두려워한다. 가진 것을 잃을까 봐 두려워 하고, 원하는 것을 얻지 못할까 봐 두려워한다. 우리는 돈이 충분하지 않고, 시간과 에너지가, 사랑과 건강, 행복이, 삶 자체가 '충분하지 않다.'고 믿는 결핍 상태에서 살아간다. 심지어 우리 자신 또한 충분하지 않다고 믿는다. 이 모든 것은 사실이 아니다. 오히려 사실과 정반대이다. 하지만 우리가 그저 한 인간일 뿐이라고 믿는 한, 진정하고 영원한 행복은 결코 누릴 수 없다.

"인간이 처한 조건의 비극과 희극은 우리가 실체 없는 자아를 대신해 생각하고, 느끼고, 행동하고, 인식하고, 말하며 삶의 대부분을 보낸다는 사실이다."

— 루퍼트 스파이러, 《사랑의 잿더미 The Ashes of Love》

"에고는 당신이 아니다. 하지만 에고가 만드는 소음 때문에 당신은 진정한 자아의 목소리를 들을 수 없다. 그 상태가 지속되는 것, 즉 에고에게 먹을 것과 물을 계속 주는 건 무척 위험한 일이다."
— 잔 프레이저,《문을 열며Opening the Door》

"나는 모두가 인간이라는 독으로 인해 고통받고 있다고 생각한다. … 삶을 너무 개인적으로 살고, 너무 개인적으로 인식하고, 모든 것을 너무 개인적으로 받아들인다. 인간의 방식으로 삶에 대응하는 것은 무지함의 한 형태다. 올바른 빛으로 대상을 보지 못한다."
— 무지

당신은 몸을 '경험'하고, 마음을 '경험'하며, 인간임을 '경험'하고 있다. 그러나 이 모든 것은 당신의 일부도 아니며, 궁극적으로 당신도 아니다. 그 모든 경험이 끝나도 '당신'은 끝나지 않는다.

"사람 안에는 사람이 없다."
— 샥티 카테리나 마기

하지만 '진정한' 당신은 존재한다.

"에고를 꿰뚫어보고 내려놓는 것이, 그 하찮은 것에 대한 믿음을 그만두는 것이 왜 그토록 어려운 일일까? 왜 우리는 정말 진짜이며 끝이 없고 완벽한 평화 그 자체인 또 다른 실체가 그 아래, 그 주변, 그 위, 그 안에 가득함에도 불구하고, 그저 그럴듯해 보이는 자아에 그토록 매달리는 것일까? 왜 그토록 보잘것없는 그것 때문에, 수많은 문제를 일으키고 심지어 고통을 초래하는 그것 때문에 자신의 실체를 부정하는 것일까?"

— 잔 프레이저, 《문을 열며》

거짓 자아들

당신의 생각과 감정, 감각과 믿음은 매끄럽게 함께 움직이며 당신이 그저 한 명의 인간일 뿐이라고 당신을 설득한다. 우리는 모두 엄청난 거짓말쟁이들이다. 아주 평범한 척하고, 한계가 많은 척한다. 이 세상에 태어나 잠시 살다가 세상을 떠나면 끝인 평범하고 한계 많은 인간일 뿐이라고 말이다. 하지만 그보다 더 큰 거짓말은 없다!

"우리는 존재하지도 않는 상상 속의 캐릭터에 사로잡혀 있다."

— 샥티 카테리나 마기

이 상상 속의 캐릭터는 영화의 등장인물과 다르지 않다. 우리는 그 캐릭터를 연기하는 배우의 존재를 알고 있지만, 영화의 캐릭터는 그 배우의 존재를 알고 있는가? 아니다. 캐릭터는 가상의 인물일 뿐이다.

우리는 자신이 모든 것을 생각하는 인간이라는 믿음을 강화한다. 어떤 생각이건 살펴보면 모든 생각의 중심에는 '나'가 있을 것이다. 그와 같은 생각은 당신이 당신 자신이라고 믿는 '나'가 평범하고 한계가 명확한 인간일 뿐임을 계속해서 확인시켜줄 뿐이다.

당신 머릿속의 목소리가 곧 당신이라고 믿는다면 당신은 그 목소리가 하는 말을 전부 믿게 된다. 당신의 마음이 일으키는 모든 생각을 믿게 된다.

이런 생각들을 말이다.
'점점 늙고 있어.'
'너무 피곤해.'
'나는 부족해.'

'나는 할 수 없어.'

'시간이 별로 없어.'

'예전만큼 건강하지 않아.'

'돈이 부족해.'

'그만큼 똑똑하지는 않아.'

'시력이 많이 나빠졌어.'

'사랑받지 못하는 것 같아.'

'그 사람은 날 인정하지 않아.'

'난 그럴 자격이 없어.'

'죽는 게 두려워.'

'뭘 해야 할지 모르겠어.'

이런 생각들은 모두 마음이 당신에게 강요하는 한계이다. 진정한 당신은 한계가 없다. 즉 그 어떤 것도 당신을 좌지우지할 수 없다는 의미이다!

나의 스승은 우리가 (위에서 언급한 생각들 같은) 한계를 정하는 사고를 계속함으로써 평범하게 살게 되며, 우리가 그렇게 평범하고 한계가 명확한 인간처럼 살지 않으면 자신의 본성에 관한 진실을 파악할 수 있다고 말했다.

'인간'에 관한 모든 것은 당신의 진정한 모습과 전부 정반대이다. 인간은 불완전하다. 진정한 당신은 완전하다. 인간은 일시적인 존재이며 한계가 많다. 진정한 당신은 영원하며 한계가 없다. 인간은 태어나고 죽는다. 진정한 당신은 결코 태어나지도 죽지도 않는다. 인간은 개별적이며 불안정하다. 진정한 당신은 개별적이지 않으며 언제나 안정적이다. 인간은 기분이 잘 바뀐다. 진정한 당신은 지속적인 행복이며 평화이다. 인간은 판단과 의견으로 가득 차 있다. 진정한 당신은 모든 것을 허용하고 수용한다. 인간은 병들고 늙는다. 진정한 당신은 노화에 좌우되지 않으며 질병에서도 자유롭다. 인간은 고통받는다. 진정한 당신은 모든 고통과 괴로움에서 자유롭다. 인간은 죽는다. 진정한 당신은 영원히 존재한다.

불행과 진실을 맞바꾸다

행복이 넘치는 축복받은 삶을 사는 방법은 단 하나뿐이다. 바로 당신의 본성을 아는 것이다. 온갖 문제와 부정적 성향, 불화로 괴로운 삶에서 벗어나는 방법은 단 하나뿐이며, 바로 자신의 진정한 모습을 파악하는 것이다.

"진정한 당신은 한없이 거대하고 장엄하고 온전하고 완벽하며 지극한 평화를 느끼지만, 자신이 한계가 많은 에고일 뿐이라는 생각 때문에 이를 깨닫지 못한다. 에고라는 눈가리개를 풀고 완벽한 평화와 기쁨에 빠져들어라. 당신 자신을 찾으면 당신은 모든 것을 갖게 된다."
— 레스터 레븐슨, 《세도나 마음혁명》

"삶은 사소한 문제들을 끝없이 해결하는 것이 아니다. 문제는 절대 사라지지 않을 것이다. 삶은 우리가 지금까지 간과해 온 본질을 보라고 한다. 바로 변하지 않는 우리의 진정한 자아다. 인류는 자신이 진정한 자아와 대비

되는, 육체를 가진 인간일 뿐이라는 잘못된 생각에 갇혀 살아가고 있다."
— 무지

"우리 삶의 '이야기'에는 비극이 있을지 모르지만, 사실 우리에게 일어나는 비극은 없다. 이야기는 우리에게 그 차이를 가르쳐주기 위해 존재하는 것일 뿐이다. 우리가 그 교훈을 받아들이는 순간 이야기는 아름다움과 사랑, 지성으로 자신을 드러낸다. 고통은 피할 수 없다는 생각에 사로잡히지 말라. 그 생각에 붙잡혀 있는 한 고통은 존재할 것이다."
— 프란시스 루실

"성서 속 이야기에서 몸, 마음과 자신을 동일시하는 인간은 모래 위에 집을 짓는 인간이다. 자신의 본성을 깨닫는 것은 바위 위에 집을 짓는 것이다."
— 데이비드 빙엄

그 진실을 찾기 위해 노력할 필요는 없다. 당신 자체가 그 진실이기 때문이다. 어떻게 자기 자신을 찾는다는 말인가? 많은 사람이 진정한 자신을 바라보지 못하고 끊임없이 자신의 진정한 모습에서 고개를 돌리고 있을 뿐이다.

두 개의 이미지가 동시에 담긴 그림을 본 적이 있는가? 처음 그림을 보면 첫 번째 이미지만 분명히 보이고 두 번째 이미지는 보이지 않는다. 첫 번째 이미지에만 집중하느라 두 번째 이미지는 눈에 들어오지 않는 것이다.

초점을 바꾸고 시선을 부드럽게 풀어주어야 두 번째 이미지가 보인다.

루빈의 유명한 그림을 보면 처음에는 마주 보는 두 사람이나 화병 중 하나를 보게 된다. 두 가지 이미지를 동시에 분명히 보기 위해서는 그림을 보는 시선을 바꿔야 한다.

우리는 거의 일평생 몸과 마음이 곧 나 자신이라는, 나는 한 인간이라는 관점으로 자기 자신을 보아왔다. 하지만 진정한 자기 모습을 분명히 보기 위해서는 루빈의 그림을 볼 때처럼 시선을 약간 옮겨 움직여주어야 한다.

드러남

간단한 질문을 하나 하겠다.

당신은 알아차리고 있는가?

대답은 반드시 '그렇다.'여야 한다. 그렇지 않으면 방금 그 질문을 이해하지 못한 것이다. 다시 묻겠다.

당신은 알아차리고 있는가?

그렇다. 당신은 알아차리고 있다. 당신은 아기로 어린 시절을 보내며, 10대 시절에도, 성인이 되어서도 알아차리고 있었다. 평생 알아차려 왔다.

알아차림은 당신의 삶에서 지속되는 유일한 것이었고 여전히 그렇다. 당신의 몸과 마음은 계속 변하며, 생각, 감정, 느낌 모두 계속 변하지만, 결코 변하지 않는 한 가지는 바로 그 모든 것에 대한 당신의 알아차림이다.

그리고 그 알아차림이 바로 당신의 진정한 모습이다.

알아차림이 곧 당신이다.

"당신이 바로 그것이다. 그것은 너무 가까이 있어 보이지 않는다. 당신은 그것의 눈을 통해 세상을 바라본다."
— 잔 프레이저,《존재의 자유》

"우리는 '나'라고 말할 때마다 그것이 우리 몸을 지칭한다고 믿어왔다. 하지만 그 '나'는 사실 '알아차림'을 뜻한다."
— 데이비드 빙엄

당신은 몸이 아니다. 마음이나 생각과 감정, 기억과 감각의 집합체도 아니다. 당신은 당신의 몸과 마음을, 생각과 감정, 기억과 감각을 '알아차리는' 주체이다. 당신이 곧 알아차림이다.

"당신이 알아차림을 인식하는 순간 당신 안의 무언가가 그것을 알아본다."
— 무지

당신은 당신이 이 책을 읽고 있음을 알아차린다. 주변에서 들리는 소리를 알아차린다. 당신이 있는 방을 알아차리고 당신의 이름을 알아차린다. 당신의 몸과 당신이 입고 있는 옷, 당신의 호흡, 몸의 감각을 알아차린다. 당신의 입천장을, 발바닥을, 손가락들을 알아차린다. 당신의 마음을, 머릿속 생각을, 그리고 당신의 감정과 기분을 알아차린다.

결국 그 알아차림이 없다면 당신은 삶의 그 어떤 것도 알거나 경험할 수 없다.

당신은 모든 것을 알아차리는 알아차림이다

알아차림은 당신 삶의 모든 경험을 인식하는 바로 그것이다. 당신의 삶을 알아차리는 것은 마음도 아니고 몸도 아니다. 알아차림 자체인 바로 당신이 마음과 생각과 몸을 알아차리는 것이지, 당신이 알아차리는 그 어떤 것도 당신이 될 수 없다.

현자 세일러 밥 애덤슨은 우리가 존재한다는 사실을 우리가 알고 있으며, 그 점은 의심의 여지가 없다고 말했다. 우리가 존재함을 알 수 있는 유일한 방법은 우리가 존재한다는 우리의 알아차림이다. 우리는 우리가 존재한다는 알아차림이 마음과 몸에서 나온다고 믿는 오류를 범하고 있지만, 그것은 사실이 아니다. 우리의 몸과 마음이 아니라, 우리가 존재한다는 알아차림 자체가 바로 우리 자신이다.

우리에게 몸과 마음이 없다고 잠시 상상해 보자.

몸을 없애라.

마음을 없애라.

이름을 없애라.

지나온 삶을, 과거 전체를 없애라.

모든 기억과 믿음, 생각을 없애라.

그리고 무엇이 남아있는지 주목하라.

남아있는 것은 오직 알아차림뿐이다.

"누군가 글이 쓰여 있는 흰 종이에 우리의 의식을 집중시킨다면, 우리는 갑자기 그것을 인식하게 된다. 사실 우리는 언제나 흰 종이를 인식하고 있었지만, 종이에 쓰인 글에만 신경 쓰느라 이를 깨닫지 못했다. 알아차림은 바로 그 흰 종이와 같다."
— 루퍼트 스파이러,《알아차림을 알아차리기》

그 흰 종이와 마찬가지로 알아차림은 언제나 우리 삶의 배경에 존재한다. 우리는 보통 마음과 생각, 몸과 감각에만 집중한다. 그것들이 우리의 관심을 쉽게 끌어당기기 때문이다. 하지만 알아차림이 이를 알아차리지 못하면 마음과 마음의 생각, 몸과 몸의 감각을 경험할 수 없다. 종이라는 배경이 없으면 어떤 단어도 쓰일 수 없는 것과 마찬가지다.

"아주 조금이라도 그 배경에 집중해 보면, 완전히 새로운 세상을 발견할 것이다."
— 헤일 도스킨

"알아차림은 경험의 가장 명백한 요소지만 가장 간과되고 있는 요소다."
— 루퍼트 스파이러,《알아차림을 알아차리기》

"미묘하게 간과되고 있는 한 가지가 있다. 그것은 알아차림은 모든 것을 즉시 알아차리지만, 그 모든 것이 보통 마음을 통해 들어온다고 여긴다는 점이다. 예를 들면 우리는 보통 '내 생각에는'이라고 말하지만, 잘 살펴보면 생각에 대한 알아차림이 존재함을 알 수 있다. … 그러므로 생각이 곧 당신이 아니다. 생각을 알아차리는 무언가가 존재한다."
— 데이비드 빙엄, 컨셔스TV

당신의 눈으로 보고 있는 그것이 바로 알아차림이다! 당신의 귀로 듣고 있는 그것이 바로 알아차림이다! 알아차림이 없다면 당신은 보고, 듣고, 맛보고, 냄새 맡고, 만지는 그 어떤 것도 인식할 수 없으며 오감을 통해 들어오는 어떤 정보도 경험할 수 없다. 당신의 감각은 알아차리지 못한다. 당신의 모든 감각을 알아차리는 것이 바로 알아차림이다!

"우리의 시각기관은 그 자체로는 아무것도 볼 수 없다. 망원경은 망원경을 들여다보는 천문학자 없이는 무용하다. 스스로는 아무것도 볼 수 없다. 마찬가지로, 마음이라는 기관 역시 그 자체로는 아무것도 보지 못한다."
— 프란시스 루실,《침묵의 향기 The Perfume of Silence》

"당신은 모든 것을 알아차리는 알아차림 자체이다."
— 데이비드 빙엄

"이 개별적 의식, 즉 '나는 인간이고 독립적 개체이며 신체적 한계에 구속된 마음과 영혼이다.'라는 우리의 느낌은 단지 상상일 뿐이며 '나'라는 순수 의식의 잘못되고 왜곡된 형태일 뿐이다. 그럼에도 불구하고 모든 욕망과 고통의 근원이 된다."
— 마이클 제임스, 《행복과 존재의 기술》

"우리가 우리라고 상상하는 '나'는 그저 또 다른 생각일 뿐이다."
— 칼라니 로리

"우리의 본성, 무한한 진정한 자아는 우리에게서 마음만 빼면 된다."
— 레스터 레븐슨, 《세도나 마음혁명》

우리 마음은 생각과 믿음이라는 장막을 둘러 우리가 보는 세상을 왜곡시킨다. 겹겹이 둘러진 장막이 세상을 더 왜곡해 우리는 모든 것을 있는 그대로 보지 못한다.

"마음은 당신의 진정한 모습을 결코 발견하지 못한다. 마음이 바로 당신의 진정한 모습을 덮고 있는 것이기 때문이다. 마음을 내려놓아야만 당신의 진정한 모습을 발견할 수 있다."
— 레스터 레븐슨, 《세도나 마음혁명》

마음으로 진실을 보려고 노력하는 것은 눈을 가리고 무언가를 보려 하는 것이나 마찬가지다. 무언가를 보려면 눈가리개를 풀어야 하듯, 당신의 진정한 모습을 보려면 마음을 내려놓아야 한다.

"마음으로 의식을 이해하려는 시도는 양초로 태양을 밝히려는 것과 같다."
— 무지,《하얀 불》

사람들은 부지불식간에 마음이 만드는 생각의 소음에 끊임없이 집중한다. 알아차림은 언제나 현재 속에 존재하지만, 생각의 소음을 끊어낼 때 이를 깨닫기가 훨씬 쉽다. 생각이 멈추면 우리는 배경에 내내 고요하게 존재하고 있던 알아차림을 의식적으로 알아차릴 수 있다.

마음의 장막

"우리는 자신의 문제와 소란과 강박관념을 통해 우리 자신을 아는 것에 너무 익숙해서 우리의 본성이자 기본적인 덕인 깨어있는 알아차림awake awareness을 우리의 진정한 정체성으로 쉽게 받아들이지 못한다."
— 로크 켈리,《자유로의 전환》

'깨어있는 알아차림'은 로크 켈리가 알아차림을 설명하기 위해 사용하는 용어이며, 이는 과거와 현재의 현자들이 당신의 진정한 모습을 설명하기 위해 사용하는 수많은 다른 이름 중 하나다. 알아차림, 깨어있는 알아차림, 의식,

2장 위대한 비밀, 밝혀지다   61

우주의식, 존재함, 불성, 그리스도 의식, 신神의식, 영혼, 진정한 자아, 무한 존재, 무한 지성, 한계 없는 존재, 본성, 진정한 모습, 신의 임재, 현존, 현존 인식, 순수 의식, 순수한 알아차림 등 많은 이름이 있다. 이 모든 용어는 정확히 같은 것을 지칭한다. 바로 '알아차림'이라는 당신 자신이다.

"우리는 매우 영특하고 우리 삶은 무척 복잡해서 깨어있는 알아차림을 발견하는 것이 우리의 고통을 해결해 준다고 쉽게 믿지 못한다. 가장 중요한 발견이 이미 우리 안에 존재한다는 사실을 믿지 못하고, 이를 찾고 얻고 발전시키기 위해 긴 모험을 떠날 필요가 없다는 사실 또한 믿지 못한다."
— 로크 켈리, 《자유로의 전환》

"훌륭한 농담은 무엇보다 간결하다."
— 피터 로리

이는 훌륭한 농담이다. 우리의 숨보다 더 우리 가까이 있는 우리의 진정한 모습이 수천 년 동안 인류의 대부분을 스쳐 지나갔다는 것이 말이다.

우리는 가장 단순하고 위대한 발견을 놓쳐왔다. 우리의 생각이 우리를 자기 머릿속에 가둬 우리가 알아차림을 인식하지 못하게 최면을 걸었기 때문이다. 우리는 보통 우리 마음속 생각과 우리가 오감을 통해 인식하는 것에만 관심을 기울이며, 그렇게 엉뚱한 대상에 집중하고 있기 때문에, 현존하는 바로 그 알아차림을 놓쳐왔다.

"몸과 마음에는 잘못이 없다. 문제는 우리가 우리의 현존과 의식을 몸, 마음과 동일시한다는 것이다. 우리 삶을 지켜보는 그 현존이 곧 몸과 마음이라고 생각하는 한, 그 현존이 스스로 영광스럽게 드러날 여지는 없다."
— 프란시스 루실,《침묵의 향기》

"잠시, 가면을 벗어라. 그것은 수년 동안 낡고 더러워진 껍데기일 뿐이다."
— 파멜라 윌슨

"우리의 자아가, 밝고 환한 텅 빈 알아차림이 몸과 마음의 한계와 운명을 공유하고 있다고 믿는 것은, 영화가 상영되는 스크린이 영화에 등장하는 캐릭터의 한계와 운명을 공유한다고 믿는 것이나 마찬가지다."
— 루퍼트 스파이러,《사랑의 잿더미》

"사람들은 자신이 그저 인간일 뿐이라고 생각한다. 하지만 사람은 누구나 무한한 존재이다. 그들은 자신의 정체성을 오해하고 있지만, 그들의 진정한 모습은 결코 그들을 떠난 적 없이 언제나 현존했다."
— 데이비드 빙엄

마음은 생각할 때만 나타나고 생각이 끝나면 사라진다. 하지만 알아차림은 결코 나타나지도, 사라지지도 않는다. 알아차림은 당신이 자고 있을 때조차 현존한다. 잠이 들면 알아차림이 사라지고 깨어나면 다시 돌아온다고 느끼겠지만, 우리는 아주 잘 자고 일어나면 이렇게 말한다. "아기처럼 정말 잘 잤어." 아기처럼 잘 잤다는 사실은 어떻게 아는가? 당신이 자는 동안에도 알아차림이 현존하며 이를 알아차리고 있었던 것이다.

다음과 같은 질문을 자신에게 해보라. "나는 알아차리고 있는가?" 그 즉시 알아차림을 인지할 수 있다. 알아차림은 갑자기 생겨난 것이 아니다. 언제나 존재했다. 당신이 집중의 대상을 '생각'에서 '알아차림'으로 옮겨 의식적으로 깨어있는 상태가 된 것뿐이다.

알아차림을 제외한 모든 것은 결국 끝나거나 죽는다. 이 세상의 모든 물질은 하나도 예외 없이 왔다가 가고, 나타났다가 사라진다. 지구상의 모든 것, 육체와 도시, 국가와 태양은 생겼다가 결국 사라진다. 잠시 생각해 보면 영원히 남는 것은 아무것도 없음을 알게 될 것이다. 모든 것은 일시적이며 심지어 이 지구 자체도, 태양과 태양계도, 우주도 마찬가지다. 영원한 것은 오직 알아차림, 그 한 가지뿐이다. 당신이라는 그 알아차림만이 영원하다!

몸은 늙지만, 사람들은 나이가 들어도 나이 든 것 같지 않다고, 늘 똑같은 것 같다고 말할 것이다. 몸의 노화는 느낀다고 인정하겠지만, 마음속 깊은 곳에서는 전혀 나이 든 것 같지 않다고 느낄 것이다. 그들은 자기도 모르게 세월과 상관없는 자신의 진정한 모습인 알아차림을 감지하고 있는 것이다.

"과거를, 어린 시절을 기억할 때 그것을 기억하는 것은 누구인가? 내가 기억한다. '내가' 그 경험을 알고 그 경험을 기억하는 사람이다."
— 디팩 초프라 박사

우리가 다섯 살 때, 열다섯 살 때, 서른 살 때, 예순 살 때 자신이라고 부르는 그 '나'는 우리 삶 전체를 지켜봐온, 나이와 상관없는 알아차림이다.

다섯 살 때 : "나는 … 곧 학교에 갈 거야."

열다섯 살 때 : "나는 … 빨리 졸업하고 싶어."

서른 살 때 : "나는 … 막 약혼했어."

예순 살 때 : "나는 … 아직 은퇴할 준비가 안 됐어."

"자기실현은 삶의 겉모습인 외모의 변화가 알아차림 안에서 일어남을 이해하는 것이다. 영원하고 안정적이며 우리의 진정한 모습인 그 알아차림 안에서 말이다."
— 데이비드 빙엄, 컨셔스TV

"이것은 꾸며낸 이야기가 아니다. 이것은 정말로 가능하며, 나무처럼 사실적이고, 정치처럼 현실적이다. 나무를 땅에 붙들고 있는 뿌리와 같고 신문, 그 신문에 게재된 기사처럼 진짜 같다. 레드삭스팀처럼 실재하며, 휘발유의 가격, 시부모님과의 갈등, 등록금 고지서처럼 현실적이다. … 사실 이 모든 것보다 더 진짜지만, 정확히 알기는커녕 보고 느끼는 것조차 쉽지 않을 뿐이다."
— 잔 프레이저, 《문을 열며》

"완벽하고 실재하며 영원한 기쁨인 무한한 존재와 닿아 있고, 무한한 존재
로 기능하지 않는 사람은 아무도 없다. '그것'과 지금 직접 연결되어 있지
않은 사람은 아무도 없다! 하지만 오랜 세월 동안의 잘못된 배움과 억측,
한계에 대한 개념, 외부를 향한 시선이 우리의 관점을 흐려놓았다. 우리 자
신인 이 무한한 존재를 '이 몸이 바로 나야.' 혹은 '이 마음이 곧 나야.' 혹은
'이 몸과 마음 때문에 문제와 어려움이 너무 많아.'라는 개념으로 뒤덮고
있다."
— 레스터 레븐슨,《세도나 마음혁명》

"이것이 바로 대부분의 종교에서 말하는 '해방' 혹은 '구원'과 똑같은 상
태이다. 자신에 대한 진정한 앎의 상태에서만 우리가 독립된 개인이라는,

육체적 몸의 한계에 갇힌 의식이라는 오해의 사슬에서 벗어날 수 있기 때문이다."
— 마이클 제임스,《행복과 존재의 기술》

의식 혹은 알아차림이 어떤 종교에서는 신의 임재로 알려져 있기도 하다. 인간이 신성한 경험을 할 때, 신의 손길을 받았다고 느낄 때, 그 개인의 마음과 에고는 사라지고 알아차림, 혹은 신의 임재가 드러난다. 신성함 이외의 그 어떤 것으로도 오해할 수 없는 순수한 사랑, 무한한 평화와 아름다움, 행복과 환희의 감정을 느끼게 된다.

"사실 우리는 인간이라기보다 신과 같은 무한한 존재이다. 우리는 인간을 경험하고 있는 무한한 존재이다."
— 데이비드 빙엄

여러 가지 측면에서 삶과 우리 자신에 대한 진실은 우리가 배워왔던 것과 정반대이다. 성공과 행복, 해답과 진실을 찾아 세상 밖으로 눈을 돌리는 대신, 우리는 내면을 살펴야 한다. 오직 그 방향에서만 우리가 찾고 있는 모든 것을 찾을 수 있기 때문이다. 이 놀랄 만한 세상과 그 세상 안의 모든 것을 우리는 충분히 누려야 하지만 알아차림의 행복과 기쁨, 사랑과 평화, 지성과 자유는, 즉 당신의 본성은 오직 당신 안에서만 찾을 수 있다.

2장 요약
Summary

- 우리의 위대한 발견을 가로막는 것은 단 하나의 믿음이다. 그것은 우리가 곧 우리의 몸과 마음이라는 믿음이다.

- 당신은 당신의 몸이 아니다. 몸은 당신이 세상을 경험하기 위해 사용하는 도구이다. 몸에는 의식이 없다.

- 당신이 곧 당신의 몸이라는 믿음은 인류가 가진 가장 큰 두려움, 즉 죽음에 대한 두려움을 만든다.

- 진정한 당신은 결코 죽지 않는다.

- 당신은 당신의 마음이 아니다. 마음은 오직 생각일 뿐이다. 생각이 없으면 마음도 없다.

- 당신은 생각, 감각, 감정이 아니다. 만약 그렇다면 그것들이 끝날 때 당신도 사라질 것이지 않은가.

- 당신의 몸과 마음이 우리가 인간이라고 부르는 것, 즉 상상 속의 자아를 구성한다.

- 인간은 당신이 경험하는 것이지, 당신 자체가 아니다.

- 우리가 인간이라는 믿음에 집착하는 한 우리는 결코 영원한 행복을 누릴 수 없다.

- 당신은 몸을 경험하고, 마음을 경험하고, 인간임을 경험하고 있지만, 그것들이 곧 당신은 아니다.

- 우리는 끊임없이 생각의 제약을 받음으로써 스스로를 평범하고 한계 많은 인간일 뿐이라고 오해하고 있다.

- 당신의 진정한 모습에는 한계가 없다. 이는 그 어떤 것도 당신을 좌지우지할 수 없다는 뜻이다.

- 당신은 당신의 삶 전체를 알아차려 왔다. 알아차림은 당신의 삶에서 지속되는 유일한 것이었고, 여전히 그렇다.

- 그 알아차림이 바로 당신의 진정한 모습이다. 당신이 곧 알아차림이다.

- 알아차림 없이는 삶의 그 무엇도 알거나 경험할 수 없다.

- 당신의 삶을 알아차리는 것은 당신의 몸도, 마음도 아니다. 알아차림이 당신 삶의 모든 경험을 알아차린다.

- 몸과 마음, 이름과 살아온 이야기, 과거와 기억, 믿음과 생각이 없다고 상상해 보라. 남아있는 것이 바로 알아차림이다.

- 우리는 보통 우리 생각과 우리가 인식하는 것에만 관심을 기울인다. 그래서 늘 현존하는 알아차림을 놓친다.

- 알아차림은 당신이 자고 있을 때도 현존한다.

- '나는 알아차리고 있는가?'라고 자문하면 즉시 알아차림이 인식될 것이다. 알아차림은 갑자기 생겨난 것이 아니다. 언제나 존재했다.

- 알아차림 이외의 모든 것은 결국 사라지거나 죽는다.

- 우리가 모든 나이에서 '나'라고 부르는 것은 우리 삶 전체를 지켜봐온, 알아차림이라는 영원한 '나'이다.

- 행복하고 싶다면 세상 밖으로 시선을 돌리지 말고 내면을 살펴야 한다. 우리가 찾는 모든 것은 그 방향에서만 찾을 수 있다.

3장

드러남은
계속된다

The Reveal Continued

당신이 곧 알아차림이다. 당신은 무언가를 알아차리는 사람이 아니다. 당신은 무한한 알아차림 그 자체이다.

프란시스 루실이 말했듯이, 망원경은 들여다보는 천문학자가 없으면 한낱 도구일 뿐이다. 당신의 몸과 마음 역시 도구이다. 그렇다면 무엇이 당신의 눈을 통해 바라보고 있는가? 당신, 바로 알아차림이다! 무엇이 소리를 듣고 있는가? 당신, 바로 알아차림이다! 당신의 몸은 그 알아차림 때문에 살아 움직인다. 알아차림은 당신의 몸을 움직이게 만드는 생명력이다.

"인간이 알아차림을 경험하고 있다는 믿음은 근본적인 오해이다. 이는 옳지 않다. 알아차림만이 알아차리기 때문에 알아차림만이 알아차림을 경험할 수 있다. '당신은 알아차리고 있는가?'라고 물으면, 당신은 그 경험을 확인해 보기 위해 잠시 생각에 잠겼다가 '그렇다.'고 대답할 것이다. '그렇다.'는 대답은 알아차림의 알아차림에 대한 확신이다. 알아차림을 경험하는 것은 몸이나 뇌가 아니다. 몸과 뇌는 경험의 대상이지 경험의 주체가 아니다."
— 루퍼트 스파이러의 강연, '의식의 빛'에서

오직 하나다. 우리의 이름은 '나'

"오직 알아차림만이 알아차린다. 인간은 알아차리지 못한다. 개와 고양이
도 알아차리지 못한다. 동물들은 알아차리지 못한다. 오직 알아차림만이
알아차린다. 우주에 오직 하나의 공간만 존재하는 것처럼 알아차림도 오
직 하나뿐이다. 그 알아차림은 우리 개개인의 마음에 굴절되어, 그 결과로
모든 사람이 각자 알아차림을 갖고 있는 것처럼 보인다. 모든 건물이 그
안에 공간을 품고 있는 것처럼 말이다. 하지만 우리 각자의 마음이 각자의
경험을 알아차리는 그 알아차림이 바로 유일한 알아차림, 곧 무한한 알아
차림이다. 모든 건물 안의 공간이 전부 같은 공간인 것처럼 말이다."
— 루퍼트 스파이러의 강연, '유일하게 깨어있는, 현존하는 독립체'에서

이 무한한 알아차림, 오직 하나뿐인 그 알아차림이 바로 당신이며 모든 사
람이다! 알아차림은 오직 하나뿐이며, 그것이 모두에게 작용하는 바로 그
알아차림이다. 우리는 모두 하나다. 우리의 이름은 '나'이다.

"오직 하나의 '나'만 있을 뿐이며, 당신이 바로 그것이자 모두가 바로 그것
이다."
— 데이비드 빙엄

그것은 바로 살아있는 모든 형태에 작용하는 하나의 알아차림이다. 모든
물질적 형태는 단지 하나의 장엄한, 무한한 알아차림의 각기 다른 도구일
뿐이다. 이것이 바로 '우리는 하나'라는 가르침의 진짜 의미이다.

의식과 알아차림은 같은 것을 의미하는 다른 용어이다. 두 가지 모두 당신을 가리킨다.

"지금 이 순간 이 말을 듣고 이해하는 아주 평범한 의식이 곧 모든 삶을 사는 신성한 의식이다. 우주 전체에서 개별적인 독립체는 하나도 없다."
— 프란시스 루실,《진실 사랑 아름다움Truth Love Beauty》

"우리는 하나다. 우리 안에는 오직 하나만 존재한다. 우리로서의 하나만 존재한다."
— 무지,《하얀 불》

이는 엄청난 수의 세포 하나하나가 당신 몸 안에서 함께 활동하고 작용하며 살아가는 것과 비슷하다. 개별 세포들은 모르지만 모든 세포는 하나의 인간을 구성하는 일부이다. 이 세상에는 개인으로 움직이는 수십억의 인간이 있고, 그들은 대부분 모르고 있지만 그들 한 명 한 명이 오직 하나인 바로 그 무한한 존재이다.

"우리는 이 의식이 개인적이고 한계가 있으며, 개개인은 각자 독립된 의식을 부여받는다고, 그래서 수많은 의식이 존재한다고 잘못 배워왔다. 두 개의 사물은 경계와 범위를 눈으로 확인할 수 있기 때문에 그 개별성을 쉽게 증명할 수 있지만, 의식에는 그 어떤 경계와 한계도 찾아볼 수 없다는 사실을 우리는 간과해 왔다."
— 프란시스 루실,《진실 사랑 아름다움》

알아차림 혹은 의식이 단 하나만 존재한다면 왜 당신은 다른 사람 몸의 감 각이나 생각을 알아차리지 못하는가? 아프리카의 어떤 동물이 무엇을 보 거나 듣고 있는지 왜 알아차리지 못하는가? 알아차림 혹은 의식이 당신 마 음으로 빨려들어와 당신 몸에 한정된 경험이 되기 때문이다. 게다가 개별 적 독립체라는 믿음 역시 당신이 알아차림의 무한함을 온전히 경험하지 못하게 만든다. 하지만 타인에 대한 연민이나 사랑을 느낄 때 당신은 당신 도 모르는 사이 그 하나의 알아차림과 훨씬 깊이 공명한다.

누구나 살면서 자기 자신인 그 알아차림을 얼핏 느끼기도 한다. 하지만 그 저 우리의 상상이거나 마음의 속임수라 여기고 만다. 기억나지 않을지도 모르지만 누구나 설명할 수 없는 경험을, 특히 어렸을 때 더 자주 한 적이 있을 것이다. 자신이 거대하게 확장되는 것 같은 경험일 수도 있고, 세상이 당신 안에 들어온 것 같거나, 다른 사람은 보거나 듣지 못하는 것을 당신 은 보고 들었던 경험일 수도 있다.

아이들은 정신적 관념이나 믿음의 집합체인 마음이 알아차림을 뒤덮고 있 지 않기 때문에 알아차림과 주파수를 맞추기가 더 쉽다. 30개월 이전까지 아이들은 순수하고 단순한 알아차림 그 자체이다. 아이들이 자신을 3인칭 으로 지칭하는 것도 개별화가 덜 진행되었기 때문이다. 두 살 사라는 자기 사진을 보고 이렇게 말할 것이다. "사라다!" 이렇게 말하지는 않을 것이다. "내 사진이다." 아직 개별 존재인 '나'를 경험하지 않았기 때문이다. 오직 '하나'가 존재하며, 자신이 바로 그것이고, 다른 사람도 전부 그것이라는 것이 사라의 경험이다.

"저 밖에는 오직 우리의 의식만 존재한다. 오직 하나의 의식만 존재하며 우리가 바로 그 의식이다."
― 레스터 레븐슨,《세도나 마음혁명》

알아차림 혹은 의식은 당신의 몸을 차지하고 있으며 당신 몸 외부의 모든 곳 또한 차지하고 있다. 알아차림은 형태가 없으므로 당신 몸 안에 자리할 수 없다. 당신 몸 안에 담으려 하는 것은 유리병 안에 어떤 공간을 담으려고 하는 것과 비슷하다. 유리병 안은 물론 유리병 바깥도 전부 공간이다. 사실 유리병은 모든 육체가 알아차림 안에 존재하는 것처럼 공간 안에 존재한다. 전적으로 모든 것이 알아차림 안에 담겨 있으며 그것이 바로 현자들이 자신이 곧 모든 것이라는 깨달음을 얻는 이유이다. 그들은 정말로 모든 것이기 때문이다. 알아차림인 당신 역시 그렇다!

"당신의 눈 뒤에 그 의식이 있다. 예수, 부처, 크리슈나, 그리고 모든 인간의 눈 뒤에 있는 바로 그 유일한 의식이 있다."
― 나의 스승

생각해 보라. 당신의 의식은 모든 위대한 존재들의 바로 그 의식이다. 당신은 그만큼 그들과 가깝다. 그들은 당신과 멀리 떨어져 있지 않다. 당신은 그들과 '하나'다.

"그것의 신비와 마법은 우리가 당연하게 여기는 이 평범한 의식이, 심지어 그 존재를 부정하기까지 하는 이 평범한 의식이 우주 자체의 의식, 즉 우주의 진정한 중심이라는 것이다."
— 프란시스 루실,《진실 사랑 아름다움》

알아차림에 머무는 방법

당신 자체인 알아차림이 되는 과정은 없다. 알아차림은 당신이 이루어야
할 목표가 아니다. 특정한 사람에게만 있고 당신에게는 없는 것도 아니다.
지금 이 순간, 당신은 이미 알아차림이다. 당신은 간과했을지 모르지만, 그
리고 평생 자신이 한낱 인간일 뿐이라고 믿어왔을지 모르지만, 그렇다고
당신의 진정한 모습이 바뀌는 것은 아니다.

"당신은 다른 모든 것을 잃을 수 있지만, 당신 자신인 알아차림은 잃을 수
없다."
— 무지,《드높은 하늘처럼, 무한한 공간처럼 Vaster Than Sky, Greater Than Space》

인간이 자기가 무한한 알아차림임을 아는 상태로 살아간다면 이 물질적
세상에 사는 경험은 숨 막힐 듯 황홀해질 것이다. 마음이 배경으로 물러나
고 알아차림이 전방에 나설 것이기 때문에 더 이상 마음의 혼란에 휘둘리
지 않고 더 편안해지고 항상 행복하고 많이 웃게 될 것이다. 매일 순수한
행복과 축복의 상태로 살아갈 것이다. 문제는 사라지고, 꿈꾸던 모든 일이
실현되며, 의식적인 알아차림으로 살고 있기 때문에 자신의 불멸성 또한
온전히 인식할 것이다. 자신이 곧 만물이며 동시에 어떤 것에도 영향을 받

지 않는다는 걸 알게 될 것이다. 지구에서의 삶이 이보다 더 좋아질 수는 없을 것이다!

"당신이 행동하거나 보는 평범하고 사소한 모든 일에 이 짜릿한 존재의 감각이 담겨 있다. 가끔 가장 하찮은 것들에 울지 않기란 얼마나 어려운가. 평평한 바닥과 이어지는 벽의 줄무늬, 그 반듯한 선들, 한 방향으로 기운 양탄자의 털들, 차가 지나가는 소리, 살갗의 냄새. 그 모든 것이 기적과 같다."

— 잔 프레이저,《문을 열며》

하지만 당신이 직접 경험해야 한다. 타인의 말은 올바른 방향을 알려주는 지침일 뿐이다. 그건 여행사 직원이 에베레스트산을 묘사해 주는 것이나 마찬가지다. 당신이 직접 에베레스트산에 가서 경험해 보기 전까지 당신은 에베레스트산이 어떤지 제대로 알 수 없다. 직접 가봐야 알 수 있다.

"이 열린 의식의 상태가 되지 않기란 사실 불가능하다. 하지만 알면서도 그 상태에 머무는 것은 또 다른 문제이다."
— 프란시스 루실,《침묵의 향기》

"당신은 알아차림에서 벗어날 수 없다. 생각에 주의를 집중하는 습관 때문에 잠시 놓칠 뿐이다."
— 피터 로리

우리는 머릿속 생각에 집중할 수도 있고, 자기 자신인 알아차림에 집중할 수도 있다. 집중 대상의 변화일 뿐이다. 생각에 집중하기보다 최대한 자주 알아차림에 집중해 보라. 완벽한 자유와 행복의 길로 들어서게 될 것이다.

알아차림 훈련 : 행복으로 가는 3단계

알아차림 훈련은 내가 의식적으로 알아차림의 상태에 머무르기 위해 계속 사용하는 방법이다. 이 훈련은 알아차림 상태가 되기 위한 것이 아니다. 당신 자체가 이미 알아차림이기 때문이다. 이는 당신의 삶을 의식적으로, 당신 그 자체인 알아차림 상태로 살아가기 위한 훈련이다. 완벽한 자유와 영원한 행복의 삶으로 가는 간단한 3단계 훈련이다.

1단계 : '나는 알아차리고 있는가?'라고 자문하라.
2단계 : 알아차림을 주목하라.
3단계 : 알아차림에 머물라.

1단계 : '나는 알아차리고 있는가?'라고 자문하라

마음으로 대답하려고 하지 말라. 생각은 당신이 알아차림을 경험하는 데 도움이 되지 않는다. 그 질문을 할 때마다 당신은 생각과 마음에서 벗어나 알아차림을 의식할 수 있게 된다. '나는 알아차리고 있는가?'라고 자문하는 즉시 알아차림이 현존한다. 마음이 곧바로 생각을 가지고 따라올 수 있다. 그럴 때는 그저 한 번 더 스스로에게 물어라. 그 질문을 자주 할수록 알아차림의 상태에 오래 머무를 수 있을 것이고 그럴수록 생각과 마음은 고요해질 것이다.

"늘 변하는 마음에는 변함없는 배경이 있다는 사실을 기억하라."
— 헤일 도스킨

'나는 알아차리고 있는가?'라고 자문한 후에 가장 먼저 느낄 수 있는 감정은 안도감일 것이다. 당신이 몸과 마음에 담고 있던 모든 저항이 녹아 없어질 것이기 때문이다. 계속 질문하다 보면 안도감은 서서히 평화로운 행복감으로 변할 것이다. 마음이 고요해지면서 평온함을 느낄 수도 있다. 심장 주변으로 기쁨의 파도가 힘차게 흐르는 것을 느낄지도 모른다.

당신이 느끼는 안도감은 마음이 배경으로 물러섰기 때문이다. 마음이 배
경에 더 오래 머물수록 알아차림이 전면에 존재하게 되면서 안도감은 커
지고 점차 더 큰 행복을 느끼기 시작할 것이다. 알아차림이 지속적으로 전
면에 존재하면 마음이 원래 있어야 할 자리로 돌아가면서 환희가 차오를
것이다.

기억하라. 알아차림은 형태가 없기 때문에 붙잡을 수 있는 것이 아니다. 알
아차림은 사랑과 같다. 사랑이 존재함을 알고 있지만 사랑을 붙잡을 수는
없지 않은가. 마음에서 사랑의 감정을 느낄 수 있지만 손으로 잡을 수는
없다. 알아차림도 마찬가지다. 알아차림으로 몸에서 안도감과 행복을 느끼
겠지만, 이를 붙잡거나 손에 쥘 수는 없다.

처음에는 생각하는 습관 때문에 의식적으로 알아차림의 상태에 머무는 것
이 어렵게 느껴질 수 있다.

"우리는 그것을 알아차리는 순간 다시 물을 수 있다. '나는 알아차리고 있
는가?' 이 방법으로 마음을 지식이나 경험의 대상으로부터 떨어뜨려 그 정
수 혹은 근원으로 향하게 만들 수 있다."
— 루퍼트 스파이러,《알아차림을 알아차리기》

쉴 새 없는 생각의 습관을 끊어내는 방법은 당신 자체인 무한한 알아차림
의 상태가 되는 것이다. 마음을 잠재우고 생각의 습관을 끊어내기 위해 마
음을 사용할 수는 없다. 많은 사람이 명상에 실패하는 이유도 바로 그 때

3장 드러남은 계속된다   81

문이다. 생각에 주의를 기울이지 않고 그저 왔다 가도록 내버려두지 못하고, 마음을 이용해 마음을 조용히 시키려고 하기 때문이다.

대부분의 사람은 마음으로부터 안도감을 얻을 수 없다. 마음이 끊임없이 생각을 쏟아내기 때문이며, 그 생각에 주의를 기울이지 않을 수 있음을 모르기 때문이다. 마음으로부터의 자유는 대단한 안도감이다. 이는 생각에 현혹되어 이를 믿으며 쫓아다니지 않고 그저 생각을 관찰할 때 얻을 수 있다.

2단계 : 알아차림을 주목하라

1단계 훈련을 통해 비교적 짧은 시간에 자연스럽게 알아차림을 인식하는 수준에 도달할 것이다. 그리고 '나는 알아차리고 있는가?'라고 더 이상 물을 필요가 없어질 것이다. 알아차림에 대해 생각하는 바로 그 순간 알아차림이 전면에 나서고 마음은 배경으로 물러날 것이기 때문이다.

"알아차림의 경험이 전면에 나서게 하라. 그리고 생각과 이미지, 감정과 감각, 지각이 배경으로 물러서게 하라. 오직 알아차리고 있는 상태의 경험에 주목하라. 모든 사람이 간절히 바라는 평화와 행복은 그곳에 존재한다."
— 루퍼트 스파이어,《알아차림을 알아차리기》

하루 종일 수차례 알아차림을 인식함으로써 의식을 알아차림으로 이동시켜라. 마음의 괴로움에서 알아차림의 깊은 행복으로 돌아올 때마다 충만한 행복과 안도감을 느끼기까지 오랜 시간이 필요하진 않을 것이다.

"우리는 매 순간 갈림길에 선다. 진정한 자신이 될 수도 있고, 그렇지 않을 수도 있다. 매 순간이 당신의 선택이다."
— 나의 스승

마음이 알아차림을 가로막고 있다고 느끼면, 혹은 알아차림을 놓쳤거나 되찾을 수 없다고 느껴진다면 자문하라. "알아차림을 놓쳤다고 알아차리는 것은 무엇인가?" 그것을 알아차리는 것이 바로 알아차림이다! 이를 통해 다시 알아차림을 알아차릴 수 있다.

아직 알아차림을 경험하지 못한 것 같다면 이렇게 자문하라. "내가 알아차림을 경험하지 못했다고 알아차리는 것은 무엇인가?" 이를 알아차리는 것도 바로 알아차림이다! 이제 당신은 알아차림을 알아차린 것이다.

"당신은 알아차리기 위해 노력하는 주체가 아니라 알아차림 그 자체이다."
— 무지

지금 당신의 몸을 알아차리고 있는가? 당신의 몸을 알아차리는 것이 바로 알아차림이다. 지금 앉아 있는 의자를 알아차리고 있는가? 의자를 알아차리는 것이 바로 알아차림이다. 당신의 호흡을 알아차리고 있는가? 당신의 호흡을 알아차리는 것이 바로 알아차림이다. 그만큼 간단하다.

"이것이 생각날 때마다 현재를 의식하라. 하루에 백 번이라도 하라. 명심하라. 힘은 그 힘을 의식하는 데에서 비롯된다."
—《시크릿》

3단계 : 알아차림에 머물라

"처음에는 알아차림이 잠시 방문하는 것처럼 느껴지겠지만 알아차림의 실존을 경험할수록 모든 두려움과 단절의 감각은 사라질 것이다."
— 무지

알아차림에 머무르는 것은 무엇에 집중하느냐의 문제이다. 내 스승이 이에 대해 생각해 볼 수 있는 간단한 방법을 알려주었다. 마음은 카메라 렌즈와 비슷한 방식으로 작동한다. 마음에는 자동 줌 기능이 있어서 우리가 줌렌즈로 대상을 자세히 클로즈업하듯 대상의 자세한 부분에까지 집중한다. 마음은 대체로 줌인zoom in 상태이기 때문에 우리는 하나의 대상에 초점을 맞추어 바라보고 이는 세상에 대한 편협하고 왜곡된 시선으로 이어진다. 하지만 넓은 공간에서 사진을 찍을 때는 렌즈를 최대한 열어 광각으로 사진을 찍을 것이다. 마찬가지로 초점의 대상을 넓혀 자세한 부분에만 초점을 맞추지 않을 때 알아차림이 모습을 드러낸다. 이것이 바로 알아차림의 상태로 머물며 세상 만물을 있는 그대로 바라볼 수 있는 간단한 방법이다.

이를 훈련하기 위해서는 지금 당장 주변에서 가까이 초점을 맞추어 바라볼 수 있는 대상을 찾고 오직 그것에만 집중해 보라. 원한다면 손을 사용해도 좋다. 이제 시선을 넓혀 특정한 것에 초점을 맞추지 말고 주변의 최대한 많은 것을 인식하려고 노력해 보라. 몸이 즉각적으로 이완되는 것, 휴식이 찾아드는 감각을 느껴보라. 마음이 집중을 유지하기 위해 엄청난 노력을 하고 있었다. 그렇기에 집중의 대상을 최대한 넓히면 마음은 배경으로 사라지고 알아차림이 전면으로 나서게 된다. 알아차림에는 어떤 노력도 필요하지 않기 때문에 당신은 안도감을 느낄 것이다. 알아차림은 초점을 맞추지 않아도 모든 것을 보고 안다.

"당신이 자신이라고 오해하고, 해낼 수 있다고 생각하는 그것은 전혀 힘이 없다. 하지만 이렇게 말한다. '내가 신경 써야 할 것들이 있어.' 하지만 모든 것을 신경 쓰는 것은 바로 알아차림이다."
— 나의 스승

"당신이 행동하는 사람이라는 믿음을 버릴수록 당신은 이 세상에서 결코 막을 수 없는 영원한 힘이 될 것이다."
— 헤일 도스킨

나는 적극적으로 행동하는 사람이었다. 몇 가지 일을 한꺼번에 처리할 수 있는 내 능력이 자랑스러웠다. 그것이 나의 정체성이 되었다. 나는 행동의 여왕이었다! 그랬으니 내 자신에 대한 그 믿음 때문에 우주가 내게 끝없이 일을 보내주는 것도 당연했다!

하지만 내 자신에 대한 믿음을 내려놓고 나 자신인 알아차림의 상태로 머물기 위해 계속 노력한 덕분에 모든 것이 변했다. 나는 그 어느 때보다 행복해졌을 뿐만 아니라, 나서서 행동하고, 또 행동하고, 언제나 행동하지 않아도 모든 일이 알아서 자연스럽게 풀렸다. 그리고 때때로 일을 하면서도 애쓰지 않아도 모든 일이 수월하게 진행되었다. 삶은 기적이 되었다!

하루에 적어도 5분씩 알아차림에 집중해 보라. 아침에 일어난 직후나 잠들기 직전, 혹은 당신에게 적당한 시간이라면 언제든 좋다. 당신도 내가 누리는 기적 같은 삶을 간절히 원한다면 더 자주 알아차림에 집중해야 할 것이다. 그리고 그 같은 하루 단 5분의 노력만으로도 당신의 삶을 엄청나게 변화될 것이다. 그토록 쉽다.

꼭 기억하라. 이는 알아차림이 '되기' 위한 훈련이 아니다. 당신은 이미 무한한 알아차림 자체이다. 이 훈련은 몸과 마음을 자신과 동일시하는 것을 멈추기 위한 것이다. 몸과 마음은 당신이 아니다.

"처음에는 따뜻한 현존의 상태로 돌아가는 데 노력이 필요한 것처럼 느껴질 것이다. 하지만 어느 지점에 도달하면 그 상태가 너무 자연스러워 거기서 벗어나는 데 노력이 필요한 것처럼 느껴진다. 그렇게 편안해진다."
— 프란시스 루실, 《침묵의 향기》

당신은 당신이 신성의 영역에 존재한다는 사실을 확신하게 될 것이다. 혹은 '신'이라는 표현을 자주 사용하는 사람이라면 자신이 신의 존재 안에 있음을 확신하는 단계에 도달할 것이다. 신의 존재 안에 있으려면, 또는 신성의 영역에 존재하려면 마음을 넘어서야 한다.

"에고의 눈을 내려놓을 때 신의 눈으로 볼 수 있다."
— 무지

이 3단계를 얼마간 훈련하면 당신 안에서 알아차림이 자연스럽게 우세해지고 마음은 훨씬 고요해질 것이다. 당신의 상태를 파악할 수 있는 다른 신호들은 다음과 같다.
삶이 쉬워지고 수월해진다. 더 평화로워지고 괴로웠던 일들이 더 이상 괴롭지 않다. 마음이 더 차분해지고 안정될 것이며 부정적인 감정에 덜 휩쓸린다. 지금껏 느껴보지 못했던 행복을 느끼기 시작한다. 불평하고 비난하며 부정적인 것에 집중했던 마음을 더 민감하게 알아차릴 수 있다. 마음이 예전처럼 당신을 함부로 좌지우지하지 못한다. 생각에 더 이상 초점을 맞추지 않기 때문이다.

"우리가 완벽한 존재라는 사실을 아는 것, 한계가 있는 몸과 마음이 아니라는 사실을 아는 것만으로 모든 문제는 즉시 사라진다."
— 레스터 레븐슨,《세도나 마음혁명》

알아차림은 그것이 알아차리는 모든 대상 하나하나보다 위대하다. 인간은 한계가 있지만 알아차림에는 한계가 없고, 이는 곧 모든 것이 가능하다는 뜻이다. 그 무엇도 당신을 제한할 수 없다. 그 어떤 것도 당신에게 힘을 행사할 수 없다!

"우리는 한정된 의식을 경험하고 있는 것 같지만, 더 자세히 살펴보면 그
것은 불가능하다. 한계를 알아차리는 것은 한계를 초월하는 것이고 그래
서 한계를 넘어서는 것이다."
— 프란시스 루실,《침묵의 향기》

그 무엇도 알아차림을 방해할 수 없다! 그 어떤 문제도 당신을 방해할 수
없다. 부정적 감정도 당신을 해칠 수 없다. 전쟁도 당신에게 영향을 미칠
수 없다. 당신이라는 알아차림은 언제나 안전하고 무탈하다. 무엇도 당신
을 건드리거나 해하거나 죽게 만들 수 없다. 무엇이 당신을 위협할 수 있
다는 말인가? 당신이 만물을 품고 있다. 당신이 곧 모든 것이다. 최대한의
능력을 발휘하기 위해 알아차림에 주의를 기울여서 당신 자신인 알아차림
상태에 머물라. 당신의 삶은 놀라워질 것이다.

"그렇다면 당신은 더 이상 이 세상의 명확한 한계에 속지 않을 것이다. 당
신은 그 한계들이 덧없는 것이며, 한낱 겉모습일 뿐임을 볼 수 있다. 당신
이라는 존재 자체에는 아무런 한계가 없음을 알고 있기 때문이다."
— 레스터 레븐슨,《세도나 마음혁명》

3장 요약
Summary

- 당신은 대상을 알아차리는 사람이 아니다. 당신이 곧 알아차림이다.

- 망원경은 들여다보는 천문학자가 없으면 그저 도구일 뿐이다. 당신의 몸과 마음도 알아차림을 위한 도구일 뿐이다.

- 오직 하나의 알아차림만 존재하며 이는 모두에게 작용하는 바로 그 알아차림이다.

- 알아차림은 당신 마음으로 들어와 당신 몸에서 일어나는 현상이므로 당신은 다른 사람의 몸에서 일어나는 생각과 감각을 인식하지 못한다.

- 알아차림 혹은 의식은 당신의 몸 전체에 있으며 당신의 몸 바깥에도 존재한다.

- 우리는 머릿속 생각에 집중할 수도 있고 우리 자체인 알아차림에 주목할 수도 있다. 최대한 자주 알아차림에 집중해 보라.

- 알아차림 훈련
  1단계 : '나는 알아차리고 있는가?'라고 자문하라.
  2단계 : 알아차림을 주목하라.
  3단계 : 알아차림에 머물라.

- 끊임없이 생각하는 마음의 습관을 단번에 끊어내는 방법은 당신 자체인

알아차림 상태를 유지하는 것이다.

- 하루에도 몇 번씩 알아차림을 인식하고 알아차림에 집중해 보라.

- 알아차림 상태를 유지하는 간단한 방법 : 대상의 사소한 부분에 초점을 맞추지 말고 광각렌즈처럼 초점을 맞추는 대상을 넓혀라. 그러면 알아차림이 모습을 드러낼 것이다.

- 훈련을 위해 주변에서 초점을 맞출 수 있는 대상을 찾고 오직 그 대상에만 초점을 맞춰라. 이제 인식의 대상을 넓혀 특정한 한 가지에만 초점을 맞추지 말고 최대한 많은 것에 주의를 기울여라.

4장

당신은 꿈을 꾸고 있다.
이제 깨어나라

You're Dreaming . . .
It's Time to Wake Up

많은 영적 스승이나 고대의 전통에 따르면, 우리가 사는 세상이나 당신과 다른 모든 이들의 삶은 한낱 꿈에 불과하다. 이 세상과 그 안의 만물이 꿈과 비슷하다는 것이 아니라 실제로 우리가 꾸는 꿈과 같은 물질로 이루어진 환상과 다름없다는 뜻이다. 지속적으로 알아차림의 상태를 유지할 때 당신은 자신의 삶과 이 세상이 당신이 생각하던 실체가 아니라는 사실을 분명히 알게 될 것이다. 이는 전부 꿈일 뿐이다.

"이 삶은 꿈이다. 우리는 우리가 실제라고 믿는 이 세상에서 살아가고 있다는 꿈을 꾸고 있을 뿐이다. 하지만 이 모든 것이 꿈이라는 사실을 깨닫지 못한다. 지금 눈앞에 보이는 세상은 한 번도 꿈인 적 없었던 꿈과 같은 환상일 뿐이다. 진실은 바깥세상 뒤에 숨어있다."
— 레스터 레븐슨,《세도나 마음혁명》

"우리는 이것이 꿈이라는 가능성에 마음을 열어야 하며, 그렇게 마음을 열 때 모든 것은 급격히 변한다. 실제로 그렇다. 만약 이 깨어있는 순간을 꿈으로 볼 수 있다면 우리 행동이 변하고 이 꿈속 상황과 인물들의 반응 또한 변한다는 사실을 알게 될 것이다."
— 프란시스 루실,《침묵의 향기》

"우리는 지금 자각몽을 꾸고 있다. 그리고 우리가 마음, 몸, 우주라고 부르
는 것은 그 자각몽의 일부이다."
— 디팩 초프라 박사

"그리고 그 꿈은 너무 사실 같아서 사람들이 깨어나는 것은 사실상 불가능
에 가깝다."
— 나의 스승

밤에 꿈을 꿀 때 당신의 마음은 당신의 몸과 (알거나 모르는) 다른 사람들,
도시, 마을, 집, 자동차, 음식, 물건, 나무, 자연, 동물, 태양, 별, 하늘을 창조
한다. 또한 시간의 흐름, 낮과 밤, 목소리와 온갖 소리, 꿈속에서 벌어지는
모든 상황과 사건 또한 창조한다. 당신의 마음은 세상 전체를 창조하고 꿈
속에서의 당신을 창조하는데, 이 모든 것이 너무 사실적이어서 당신도 감
히 의문을 제기하지 못한다. 꿈에서 깨기 전까지는! 당신은 깨어난 후에야
그것이 꿈이었음을 깨닫는다.

"당신은 꿈의 가장 큰 특성 하나를 발견했을지도 모른다. 십중팔구 꿈속의
당신은 그것이 꿈인지 모른다. 그것이 꿈의 역설이다. 꿈속 인물은 자기가
분명히 깨어있다고 생각한다! 하지만 그렇지 않다. 꿈속 경험은 실제가 아
니지만 꿈속에서는 그 모든 사실을 알 수 없다. 그뿐만이 아니다. 꿈속 주

인공의 입장에서 보면 꿈 너머에는 아무것도 없다. 꿈속 인물은 깨어있는 또 다른 상태가 존재한다는 사실을 모른다. 꿈속 인물은 자신이 무엇을 모르고 있는지 모른다."
＿ 피터 드지우반,《단순하게 알아차리기 Simply Notice》

"꿈을 꾸는 동안에는 모든 것이 실제처럼 보인다. 호랑이를 보면 우리가 그 호랑이를 창조했다는 사실을 모르기 때문에 두려움을 느낀다. 그 사실을 안다면 전혀 무서워할 필요가 없을 것이다. 그렇지 않은가? 이는 꿈을 꾸고 있을 때는 환상이 실제처럼 보인다는 사실을 알려준다. 비록 우리가 꿈의 본질을 파악하고 애초에 그것을 창조한 사람이 바로 우리라는 사실을 이해한다 해도 말이다."
＿ 프란시스 루실,《진실 사랑 아름다움》

이 세상이 꿈이라는 사실을 온전히 인식한다 해도 우리는 세상의 물질성과 자신의 몸을 여전히 존중한다. 건물에서 뛰어내리지 않는다. 건물, 땅, 우리 몸과 중력은 꿈과 똑같은 질료로 만들어져 있고 우리는 그것을 느낄 수 있기 때문이다! 어떤 현자가 말했듯이 당신이 꿈에서 나를 꼬집으면 나는 그걸 느낀다. 꿈의 꼬집음이기 때문이다!

"꿈속에서는 10년이 일 분에 지나갈 수 있다. 갓난아기가 갑자기 자라 학교에 갈 수 있다. 깨어나면 꿈속에서의 몸은 환상일 뿐이며 꿈속에서의 시간도 거짓이라는 사실을 깨닫지만 돌이켜보면 꿈은 너무 사실적이었다."
— 프란시스 루실,《침묵의 향기》

"꿈의 상태를 예로 들면, 50년 동안 벌어지는 꿈이 있을 수 있지만, 우리는 깨어나서 그런 일은 일어나지 않았다는 사실을 깨닫는다. 의식이 꿈을 꾸는 상태와 동일시되는 동안에만 진짜처럼 보였을 뿐이다. 깨어있는 상태 또한 의식이 만들어내는 지극히 사실적인 연극일 뿐이다."
— 데이비드 빙엄, 컨셔스TV

"물리 법칙은 깨어있는 꿈에 적용되는 법칙이다. 밤의 꿈속에서의 물리 법칙은 이와 다르다. 그렇기 때문에 꿈속에서 날 수 있는 것이다!"
— 프란시스 루실,《침묵의 향기》

'지구'라는 꿈속에서 무슨 일이 일어나든, 마지막은 누구에게나 똑같다. 깨어나 모든 것이 꿈이었음을 깨닫는 것이다! 그것이 바로 영적 스승들이

'깨어나라'고 말하는 이유이다. 환상에서 깨어나 모든 것은 꿈이라는 사실을 깨달으라는 뜻이다. 깨어나 진실에 눈을 뜰 때 우리는 아무도 다치거나 고통받은 적 없고, 아무도 죽지 않았음을 알게 될 것이다. 악몽을 꾸다가 공포에 사로잡혀 깨어난 뒤에 사실은 아무도 다치지 않았고 나쁜 일도 일어나지 않았음을, 그저 꿈이었음을 깨닫고 안도하는 것처럼 말이다.

"당신이 극장에서 전쟁, 고난에 관한 영화를 본 뒤에 '정말 멋진 영화였어!'라고 말할 수 있다면, 당신의 삶도 한 편의 우주적 영화로 받아들일 수 있다. 모든 것은 그저 꿈이라는 것을 인식하며 당신에게 일어날지도 모르는 모든 종류의 경험에 대비하라."
—— 파라마한사 요가난다, 《인간의 영원한 탐구Man's Eternal Quest》

"세상을 꿈으로 바라보는 것은 훌륭한 훈련이며, 이는 견고해 보이는 세상을 무너뜨리는 데 도움이 될 것이다."
—— 프란시스 루실

깨어나기

"최고의 치유는 우리가 아닌 것으로부터 깨어나는 것이다."
—— 무지

"이는 시선을 이것에서 저것으로 옮기는 것과 비슷하다. 그만큼 미묘하다.

날숨과 같다. 준비가 되면 하게 될 것이다. 절대 자신에게 준비되지 않을 거라고 말하지 말라. 불가능하다고 자신에게 말하지 말라. 이미 주변에서, 당신과 비슷한 사람들에게 일어나고 있는 일이다. 그들은 모든 문제에서 자유로워졌다. 그들도 과거에는 그렇지 않았다. 그들은 여전히 그들의 삶을 살고 있다. 그들에게는 기쁨이 넘친다. 무슨 일이 일어나든 편안하게 산다. 그들을 시기하지 말라. 그들을 의심하지 말라. 당신도 그렇게 되어라. 당신도 기뻐하게 될 것이다. 그리고 어떻게 그렇지 않은 상태로 그토록 오래 살아왔는지 이해할 수 없어질 것이다."

— 잔 프레이저, 《문을 열며》

나도 몇십 년 동안 분명히 잠들어 있었다. 내가 잠들어 있다가 처음 깨어나던 날, 그 순간, 그 상황을 정확히 기억한다! 그 후로 나는 작은 깨어남을 여러 번 경험했고, 중요한 깨어남도 한 번 더 경험했다. 깨어남은 안개 속에서 빠져나오는 것과 같다. 갑자기 시야가 선명해지고 모든 것이 명확하게 보인다.

어떤 사람은 소파에 누워 있다가 깨어나고, 주차장에서 차를 향해 걷다가 깨어나기도 한다. 새소리를 듣다가, 스승의 말을 듣다가, 책을 읽다가 깨어나기도 한다. 끔찍한 사건을 겪으며 깨어나거나 개인적인 위기로 삶이 바닥을 쳤을 때 깨어나는 사람도 많다. 그리고 그들 모두는 깨어나고 나서야 알게 된다. 자신이 잠들어 있었다는 사실을.

"대부분의 사람이 잠들어 있다는 사실도 모른 채 잠들어 있다. 잠든 채 태어나고 잠든 채 살아가고 잠든 채 결혼하고 아이를 낳아 기른다. 결국 깨어나지 못하고 잠든 채 죽음을 맞이한다. 그들은 기계처럼 살며 기계처럼 생각하고 느낀다. 보통은 타인의 생각과 감정이다. 기계처럼 행동하고 반응한다. 그들은 우리가 인간이라고 부르는 것의 아름다움과 사랑스러움을 결코 이해하지 못한다."

— 앤소니 드 멜로, 《알아차림》

우리 마음은 컴퓨터 프로그램처럼 기계적이기 때문에 마음의 지배를 받는 삶은 기계적일 수밖에 없다. 당신에게 돈이 필요한 상황이 계속된다면 이는 기계적인 마음이 '돈이 충분하지 않다.'는 생각을 끊임없이 반복했기 때문이다. 당신은 그 생각을 믿음으로써 그 생각에 힘을 부여했고 그래서 돈이 충분하지 않은 상황을 계속 겪게 된 것이다. 이것이 마음이 만든 제한적인 생각의 작용이라면 알아차림은 완벽한 풍요로움이다.

잠에서 깨어나 알아차림의 상태로 삶을 살기 시작하면 당신의 삶은 지금 상상조차 할 수 없을 만큼 달라질 것이다. 세상은 아름다움과 사랑스러움이 넘치는 멋진 곳임을 알게 될 것이고, 모든 것이 순조롭고 아무것도 거슬리지 않으며 만사가 잘될 거라는 사실을 분명히 알게 될 것이다. 마음이 우리 삶을 이끌 때 우리는 세상을 있는 그대로 바라보지 못한다.

에고의 마음은 온갖 상황을 문제 삼아 이에 격렬하게 반응한다. 에고 중심주의와 큰 그림을 보는 능력의 부족으로 에고의 마음은 판단하고, 비난하고, 잘못을 찾아내며, 삶에 대한 편협한 관점 때문에 무엇이든 문제로 받아들인다.

"깨어남은 알다시피 유쾌한 일은 아니다. 침대에 누워 있으면 아늑하고 편하다. 일어나는 것은 귀찮은 일이다. 그것이 바로 현자들이 사람들을 깨우려고 하지 않는 이유이다. 나 역시 당신이 잠들어 있다면 당신을 깨우기 위해 그 어떤 노력도 하지 않는 현명함을 발휘하고 싶다. 가끔 내가 '깨어나라!'고 당신에게 말한다 해도, 그것은 나와 전혀 상관없는 일이기 때문이다."
— 앤소니 드 멜로, 《알아차림》

모든 사람의 삶에는 단 하나의 목적이 있다. 자신의 진정한 모습, 즉 알아차림으로 깨어나 이 놀랍고 멋진 세상을 즐기는 것이다. 깨어나면 당신은 세상의 '일부'가 아니라 세상 '안'에 있게 될 것이다. 이는 곧 세상의 모든 문제에서 완전히 자유로워질 것이라는 뜻이다.

3장의 3단계 알아차림 훈련에서 간단히 설명했듯이, 알아차림의 진실에 눈을 뜬 다음 마지막 단계는 마음과 에고로 뒷걸음치지 않고 의식적으로 알아차림의 상태에 머무는 것이다. 갑자기 깨어나 쭉 알아차림의 상태를 유지하는 사람도 있지만, 어떤 이들에게 깨어남은 시간이 걸리는 과정이기도 하다. 하지만 모든 사람이 그 깨어남의 과정은 끝없이 깊어진다고 말한다.

"우리는 더 이상 이렇게 말할 수 없다. 깨어남은 성인들이나 불교 승려들의 이야기라고, 평생 기다려야 이룰 수 있는 일이며, 진지하게 영성 수련을 하는 사람들을 위한 것이라고 말이다. 물질적 세상을 즐기지 않는 사람들,

특정한 방식을 믿는 사람들만 이룰 수 있다고 말할 수 없다. … 당신도 그곳에 도달하고, 그곳에 머무르며 홀가분한 삶을 살아갈 수 있다. 애써 얻어낼 필요도 없고, 자격이 필요한 것도 아니다. 누구에게나 공짜이며 이미 우리에게 있다. 보상도 아니다. 우리가 타고난 것이다."

— 잔 프레이저,《문을 열며》

자신의 진정한 모습으로 깨어나는 것은 모든 부정성에서 벗어나 영원한 행복으로 가는 길이다. 그것이 이 땅 모든 인간의 운명이다. '당신'의 운명이다. 당신의 삶도 지금 당장 그렇게 될 수 있다!

의식의 산

수년 전, 유럽 장미십자회 단장이 들려준 예를 통해 나는 의식과 알아차림의 단계를 이해할 수 있었다. 그는 이를 '의식의 산The mountain of consciousness'이라고 했다.

산골짜기에 서있으면 멀리 보기 힘들다. 시야가 좁고 제한되어 있어 저 앞이나 꺾어진 곳 뒤에 무엇이 있는지 볼 수 없다. 계곡 너머에 무엇이 있는지 모르기 때문에 미지의 것에 대한 두려움을 느낀다.

하지만 산을 오를수록 주변은 변하기 시작한다. 산골짜기에서 시야를 가로막고 있던 것 너머를 볼 수 있기 때문에 시선도 확장된다. 올라갈수록 시야가 확보되고 많은 것이 다르게 보이며, 여전히 두렵지만 산골짜기에 있을 때만큼 두렵지는 않다.

그보다 더 높이 올라가면 공기가 다르고 풀과 나무가 다르고 조금 전보다 훨씬 멀리 볼 수 있다. 그곳에서 삶은 매우 다르게 보이며, 지금까지 보이지 않았던 것들이 보이기 때문에 미지에 대한 두려움도 사라진다.

정상에 오르면 사방을 볼 수 있다. 보이지 않는 것은 없다. 세상과 그 너머를 향한 시야가 온전히 확보된다. 골짜기에 있는 사람들과 그들의 제한된 시야를 볼 수 있으며 지금 서있는 곳에서는 아무것도 두려워할 필요가 없다는 사실도 알고 있다. 또한 산의 높이에 따라 사람들의 시야가 어떻게 달라지는지도 보인다. 당신이 서있는 정상에서는 지극한 아름다움과 만물의 완벽함을 볼 수 있다. 모든 것이 제자리에 있고 그 누구도, 그 무엇도 걱정하거나 두려워할 필요가 없음을 안다. 당신 눈앞의 장관과 경이로움, 삶의 신비는 장엄하기 그지없으며, 골짜기의 사람들도 당신과 같은 장엄함을 보게 된다면 당신처럼 자유로워질 것이다.

"산의 정상에 섰을 때, 혹은 별을 바라볼 때 우리는 무한함을 느낀다. 그것이 바로 우리의 진정한 모습이며, 그것이 바로 많은 사람이 광대함을 갈망하는 이유이다."
— 데이비드 빙엄

"의식의 높은 단계에서 개인의 마음과 관련된 것은 전혀 중요하지 않다. 당신은 구름이 발밑으로 흘러가는, 당신이라는 존재의 정상에 서있기 때문이다. 당신은 그 무엇도 중요하지 않은 단계에 올라선 것이다! 그 무엇도, 결코, 중요하지 않은 단계! 모든 것은 그저 완벽하다."
— 무지,《하얀 불》

이제 당신은 당신의 진정한 모습을 알았으니 깨어남의 과정을 시작한 것이다! 그 진정한 모습으로 존재하는 데 유일한 장애물은 당신의 마음이다. 마음은 물질적 세계에서 당신이 원하는 모든 물질적인 것들과 사건, 상황을 만들어내기 때문에 당신의 가장 큰 힘이지만 마음이 만드는 부정적인 생각을 믿는다면 그 창조적인 힘은 당신에게 불리한 방향으로 사용된다. 마음은 잘못이 없다. 마음이 곧 나라고 당신이 믿을 때에만 마음이 골칫거리가 된다.

마음이 당신을 대변하려 할 때, 당신 머릿속 목소리는 당신이 아님을 기억하라. 마음은 실제로 존재하는 것이 아니라 기계적인 과정일 뿐이다. 마음은 그저 생각으로 구성되어 있고 마음이 만들어내는 그 생각은 당신의 믿음으로 인해 형성되어 잠재의식에 프로그램으로 저장된다. 잠재의식은 우리의 믿음과 기억, 개인의 특성, 무의식적 과정과 습관의 창고이며 잠재의식의 작용은 컴퓨터의 작동처럼 완전히 기계적일 뿐이다.

당신의 잠재의식은 의식적 마음, 즉 생각하는 마음의 정보를 받고, 생각하는 마음이 주입하는 모든 정보를 받아들인다. 잠재의식은 입력되는 정보를 차별하지 않고, 생각하는 마음이 진실이라고 믿는 모든 것을 받아들인다.

그래서 기본적으로 마음은 우리의 믿음에 따라 생각을 다시 활용하고 그 생각으로 우리 삶을 심각하게 제한함으로써 우리를 포로로 잡아놓는다. 우리가 깨어나 생각과 마음이 곧 우리가 아니라는 사실을 깨닫기 전까지는 말이다!

"한계 많은 게임을 할 것인가 자유로워질 것인가? 그 단순한 질문이 몸과 마음에 갇혀 있는 집착을 내려놓는 열쇠다. 스스로 몸과 마음에 갇혔다고 생각하고 다른 사람에게도 그렇게 말한다면 당신은 한계가 많은 게임을 하게 될 것이다."
— 헤일 도스킨,《세도나 마음혁명》

자유로워지는 첫걸음은 생각이 삶을 만들어낸다는 사실을 이해하는 것이다. 당신이 생각하는 대로 실현된다. 원하지 않는 것에 생각을 집중하면 원하는 삶을 살 수 없다. 정말 원하는 것에 대해서만 생각해야 원하는 삶을 살 수 있다! 이를 온전히 이해하면 자신의 생각을 잘 알아차리게 되고 깨어있음의 여정을 시작할 수 있다. 생각을 알아차리는 것은 부정적인 생각에 대한 믿음을 막아줄 뿐만 아니라 점점 더 잘 알아차리는 상태가 되고 있다는 뜻이기 때문이다.

《시크릿》 책과 다큐멘터리는 당신 삶의 모든 측면, 즉 건강, 관계, 돈, 일, 행복, 심지어 세상에 대해서까지 삶을 창조하는 생각의 힘에 대해 설명했다. 생각을 통해 발휘하는 그 경이로운 힘을 아직 이해하지 못했다면《시크릿》을 읽어보길 강력히 권한다.《시크릿》은 수천만 명의 삶을 변화시켰고 당신의 생각을 더 잘 알아차리게 되는 것이 바로 우리의 진정한 모습으로 깨어나는 황홀한 과정의 멋진 첫걸음이다.

4장 요약
Summary

- 우리의 이 삶은 꿈이다. 온 세상은 꿈과 같은 환상일 뿐이다.

- 꿈에서 마음은 세상을 무척 현실적으로 창조해 우리는 깨어날 때까지 이를 의심하지 못한다.

- 깨어있는 것 또한 의식이 만들어내는 지극히 설득력 있는 연극일 뿐이다.

- 마음은 기계적이기 때문에 마음에 의지해 살면 우리 삶도 기계적이 될 수밖에 없다.

- 마음이 삶을 좌지우지할 때 우리는 세상의 진정한 모습을 볼 수 없다.

- 꿈에서 깨어나면 당신은 세상의 '일부'가 아니라 세상 '안'에 있게 될 것이다.

- '의식의 산'은 의식에 대한 은유이다. 산을 높이 오를수록 삶에 대한 시야가 확장된다. 정상에서는 모든 것의 아름다움과 완벽함을 볼 수 있다.

- 마음은 생각으로 이루어져 있고 마음이 만들어내는 그 생각은 당신의 믿음이 만들어 잠재의식에 저장한 프로그램에서 나온다.

- 잠재의식은 믿음과 기억, 개인적 특성, 무의식적 과정과 습관을 저장한다. 잠재의식의 작용은 컴퓨터의 작동처럼 완전히 기계적이다.

• 자유를 향한 첫걸음은 생각이 삶을 창조한다는 사실을 이해하는 것이다.
당신이 생각하는 대로 실현된다.

5장

마음으로부터의 자유

Freedom from the Mind

"마음이 반드시 고요할 필요는 없다. 중요한 것은 마음의 말을 곧이곧대로 듣지 않는 것이다."
— 잔 프레이저,《놀라운 기쁨》

마음은 삶을 원하는 대로 정확히 창조할 수 있는 놀라운 도구이다. 마음은 당신의 정신분석가도 아니고 당신의 테라피스트도 아니다. 그런데도 우리는 마음의 말을 듣고 마음이 만드는 모든 생각을 사실인 듯 믿으면서 마음에 그 정도의 권한을 부여한다. 자기 생각을 믿는 그 습관 하나가 우리의 본성, 즉 알아차림의 위대함과 영광으로 살아갈 수 없게 만든다. 필요한 모든 것이 완벽한 때에 우리 손에 들어오는 영원한 행복의 삶을 살지 못하게 된다.

인류는 마음 때문에 너무 긴 시간 너무 큰 고통을 받아왔다. 이제 더 이상 마음이 우리 삶을 휘두르지 못하도록 제자리로 돌려보내야 할 때이다. 우리가 더는 마음에서, 그리고 마음을 통해 살지 않을 때 우리의 본성인 알아차림의 삶을 살기 시작할 수 있다. 그때의 삶은 모든 고통과 부정성에서 벗어난 자유로운 낙원에서의 삶이 될 것이다.

"우리가 '외부'에서 온다고 여기는 모든 문제는 사실 당신의 생각 안에서
벌어지는 오해일 뿐이다."
__ 바이런 케이티,《네 가지 질문Loving What Is》

"부정적 성향을 없애는 가장 강력한 방법은 마음이 곧 내가 아님을 인식하
는 것이다. 일단 이를 깨달으면 달라붙을 대상이 없어진 부정적 성향은 스
스로 녹아 없어질 것이다."
__ 헤일 도스킨

사람들은 보통 부정적인 상황이 외부에서 온다고 믿는다. 다른 사람이나
환경, 사건이 자기 삶에 부정적인 상황을 초래한다고 믿는다. 하지만 원래
부터 좋거나 나쁜 것은 없다고 셰익스피어도 말하지 않았는가. "좋은 것도
나쁜 것도 없다. 다만 생각이 그렇게 만들 뿐."

당신이 겪는 부정적인 상황은 어떤 사람, 실제의 환경이나 사건으로 인한
것이 아니라 그에 대한 당신의 생각에 의한 것이다. 그러므로 마음의 작동
원리를 이해하는 것이 그 잘못된 부정적 판단에서 자유로워지는 데 도움
이 될 것이고, 당신은 원래의 목적대로 원하는 삶을 창조하는 데 당신의
마음을 사용할 수 있다.

"생각은 그것에 빠져들기 위해서가 아니라 당신이 원하는 것을 주문하기

위해 만들어진 것이다. 마음은 그 주문을 받아 이를 가능하게 만들기 위해
존재한다. 생각은 다른 일을 위해서는 필요하지 않다. 다른 모든 것은 알아
차림이 알아서 해결할 것이기 때문이다."

— 나의 스승

"지금부터 당신이 원하는 것만 바라보면 당신은 그것을 받을 것이다. 하지
만 당신은 원하지 않는 것을 마음에 담고 있다. 원하지 않는 것을 없애기
위해 노력하면서도 이를 붙잡고 있는 것이다. 그러니 긍정적이고 행복한
삶을 원한다면 부정적인 것을 내려놓고 긍정적인 것을 들여야 한다."

— 레스터 레븐슨, 《세도나 마음혁명》

마음은 정확히 무엇인가? 첫째, 마음은 뇌가 아니라는 사실을 이해하는 것
이 중요하다. 뇌는 생각하지 않는다. 과학자들은 뇌에서 생각을 찾아내지
못했다. 생각으로 인한 뇌의 전기적 활성을 볼 수 있었을 뿐이다. 생각은
마음으로부터 온다. 마음은 오직 생각으로만 이루어져 있다. 지금 아무 생
각도 하지 않고 있다면 마음도 없다. 그렇게 단순하다. 마음은 동시에 두
가지 생각을 할 수 없다. 진심으로 대화에 참여하면서 동시에 무언가를 읽
기란 불가능하지 않은가. 당신이 아무리 할 수 있다고 믿어도 마음은 멀티
태스킹을 할 수 없다.

하지만 긍정적이든, 부정적이든 하나의 생각은 당신이 그 생각을 믿을 때
엄청난 에너지원이 될 수 있다.

"고통받고 싶다면 스트레스를 주는 생각을 그대로 믿어라. 하지만 행복하고 싶다면 그 생각을 의심하라."
— 바이런 케이티,《당신의 아름다운 세계 A Mind at Home with Itself》

사람들은 보통 자기 생각이 사실이라고 믿는다. 그렇기 때문에 삶이 힘들고 스트레스를 받게 된다. 생각은 그저 정신적 소음일 뿐 사실이 아니라고 아무도 우리에게 말해 주지 않았다. 하지만 생각을 믿으면 그 생각은 현실이 된다!

마음은 우리의 육체적 삶을 분명하게 보여주며, 긍정적이거나 부정적인 생각, 우리가 원하거나 원하지 않는 생각 등 우리가 믿는 모든 생각을 그대로 드러내 보여준다. 긍정적인 생각은 우리의 본성에 가깝기 때문에 해롭지 않다. 스트레스와 괴로움의 원인은 바로 부정적인 생각이다. 그러므로 우리는 부정적인 생각을 특히 더 알아차릴 필요가 있다.

마음은 기계적이고, 부정적인 생각은 정형화된 패턴이 되기 쉽기 때문이다. 부정적인 생각을 듣고 이에 공감하면 마치 최면에 걸린 것처럼 부정적인 생각에 빠져들어 그 안에서 길을 잃고 만다. 생각은 실제로 벌어지고 있는 일에서 당신 머릿속으로 끊임없이 당신을 데리고 들어갈 것이다.

"당신은 마음이 곧 자신이라고 믿는다. 이는 망상이다. 수단이 당신을 집어삼킨 것이다."
— 에크하르트 톨레,《지금 이 순간을 살아라 The Power of Now》

이는 가상현실 게임을 하면서 헤드셋을 끼고 있다는 사실을 잊어버리는 것과 마찬가지다. 우리는 가상현실 세계의 어려움 때문에 괴로워하지만, 헤드셋을 벗는 순간 그 세계가 진짜가 아님을 깨닫는다. 모두 생각 때문이다. 우리는 생각을 믿으면서 머릿속에서 상영되는 마음이 만들어낸 허구에 즉각 사로잡혀 세상을 있는 그대로 경험하지 못한다.

"모든 생각은 거짓이다. 유일한 진실은 그 생각에 대한 알아차림뿐이다."
— 나의 스승

"알아차림은 관찰한다. 생각은 판단한다."
— 루퍼트 스파이러, 《사랑의 잿더미》

생각은 감정을 만드는 데에도 책임이 있으며, 그 감정은 다시 더 많은 생각을 유발한다. 슬픈 생각은 슬픈 감정을 만들고, 슬픈 감정은 더 슬픈 생각을 만든다. 결국 삶을 슬픔의 장막을 통해 바라보게 되기 때문에 모든 것이 슬퍼 보인다. 그러니 이 세상의 실제 모습을 제대로 보지 못한다.

"마음은 한계를 걸친 의식이다. 당신은 원래 한계가 없고 완벽하다. 하지만 어느 순간 한계를 걸치고 마음이 된 것뿐이다."
— 라마나 마하르쉬

긍정적으로 생각하도록 마음을 의도적으로 학습시키지 않는다면 마음은 당신을 제한하고 하찮게 만드는 부정적인 생각을 끊임없이 쏟아낼 것이다. '그러지 말았어야 했어.' '도대체 무슨 생각이었지?' '정말 멍청한 짓이었어.' '시간이 없어.' '난 할 수 없어.'

"마음은 항상 말한다. '안 돼!' '너무 늦었어!' '너무 일러!' '너무 빨라!' '너무 느려!' 마음은 절대 멈추지 않는다."
— 나의 스승

"마음이 나쁜 것은 아니다. 문제는 마음이 어디로 끌고가는지도 모르면서 자동으로 달려가는 기계처럼 움직이는 경향이 있다는 것이다. 우리는 보통 마음이 달려가고 있다는 사실조차 깨닫지 못한다. 마음이 끝없이 재생하는 내용은, 나오는지도 잘 모르는 엘리베이터 속 배경 음악처럼 아무도 듣지 않는 소음과 같다. 마음은 우리가 가는 곳은 어디든 가기 때문에 쉬지 않고 마음을 사용하려는 유혹을 떨치기 힘들다. 마음은 그저 달릴 수 있기 때문에 달린다. 마음은 눈앞의 모든 것을 무작위로 내리치는 망치처럼, 섣불리 판단하고 방해하고 훼방놓으며 동일시하고 속을 끓이고 이야기를 만들어낼 기회를 절대 놓치지 않는다."
— 잔 프레이저, 《존재의 자유》

자동으로 달려가는 마음은 또한 당신의 삶과 이 세상에는 부족한 것투성이라고, 돈이 없고, 건강하지 않고, 사랑, 시간, 자원이 충분하지 않아 모두에게 돌아가지 않을 거라고 당신에게 끊임없이 말할 것이다. 그 말을 믿으면 그것이 바로 당신의 '경험'이 된다.

다행인 것은 마음이 훌륭한 도구이기도 하다는 점이다. 당신이 원하는 것에 관한 긍정적인 생각은 당신의 삶을 뒤바꿀 수 있을 뿐만 아니라 엄청난 행복과 기쁨도 가져다준다. 원하는 것에 대해서만 생각할 때 삶은 놀라워진다. 하지만 많은 사람이 부정적인 생각을 믿는 중독적인 패턴에 사로잡혀 있으며, 우리는 이 부정적인 생각의 사슬에서 벗어나야 한다. 어렵지 않은 일이다. 알아차림이 당신을 자유롭게 해줄 것이다.

문제아를 믿지 말라

마음에는 잘못이 없다. 다만 마음이 만든 부정적인 생각을 믿을 때 문제가 시작된다. 걱정을 느낀다면 걱정스러운 생각을 믿고 있기 때문이다. 의심이 든다면 의심스러운 생각을 믿고 있기 때문이다. 불안하고 화가 나고 낙담하고 두렵고 실망하고 짜증이 나고 성급해지고 복수심에 불타고 우울하고 혐오스러운 그 어떤 부정적인 감정이든 그건 모두 당신이 그 생각을 믿고 있기 때문이다! 계속 그 생각을 믿으면서 그 감정에 매달려 있으면 마음은 똑같은 것을 계속 만들어낼 것이다. 우울한 감정은 우울한 생각을 더 만들고, 주변 사람이나 상황, 사건을 우울한 관점으로 보면서 당신을 더 우울하게 만들 것이다. 악순환이다.

"생각은 몹시 교활하고 영리해서 자기 편의를 위해 모든 것을 왜곡한다."
— 크리슈나무르티, 《아는 것으로부터의 자유Freedom from the Known》

마음의 부정적인 생각을 믿을 때 우리는 마음이 만든 영화에 빨려들어 더 많은 스트레스와 더 큰 괴로움을 경험하게 된다.

"부정적인 생각을 믿는 것은 고통을 자초하는 것이다!"
— 나의 스승

"당신이 느끼는 모든 감정은 당신 책임이다. 당신의 감정이고 당신의 생각이다. 당신이 감정을 일으키고 당신이 생각한다. 다른 누구도 아닌 바로 당신이 하는 일이지만 당신은 아무 힘이 없는 것처럼 행동한다! 당신은 머리 위 수도꼭지를 스스로 틀고 이렇게 말한다. '오, 누가 나를 흠뻑 젖게 만들었어.' 물을 튼 것은 당신이고 당신을 젖게 만든 것도 당신이다. 그러므로 당신의 주문이 당신에게 일어나는 모든 일에 책임을 져야 한다. '내가 초래한 일이다.'라고 생각하면 정말 그렇게 보일 것이다! 그리고 자신을 스스로 괴롭히고 있음을 깨닫고 이렇게 말할 것이다. '세상에, 왜 이렇게 멍청하지?' 그리고 멈출 것이다. 당신은 자신을 그만 괴롭히고 행복하게 만들 것이다."

— 레스터 레븐슨,《세도나 마음혁명》

삶을 온전히 책임진다는 것은 이미 일어난 일에 대해 다른 누구 혹은 다른 어떤 것도 탓하지 않는다는 뜻이기도 하다. 그리고 자신도 탓하지 않는다는 뜻이다. 탓하기는 마음의 또 다른 반복적인 프로그램이다. 진정한 나는 결코 비난하지 않는다. 오직 마음만 비난한다. 마음의 비난과 비판에서 자유로워지는 방법은 부정적인 판단의 유일한 원인이 바로 마음임을 이해하고 그 부정적인 생각을 더는 믿지 않는 것이다.

"문제의 원인이 '외부'에 있다고 생각하는 한, 다른 사람이나 다른 것이 내 괴로움을 책임져야 한다고 생각하는 한 상황은 나아질 수 없다. 당신은 영원히 희생자의 역할을 맡으며 낙원에서 고통받을 것이다."

— 바이런 케이티,《네 가지 질문》

자기 삶에 책임을 진다는 것은 에고와 마음이 희생자의 역할을 떠맡도록 내버려두지 않는다는 뜻이다.

"어떤 생각도 그 생각을 인식하는 그것을 지배할 수 없다. 이를 깨달은 후의 느낌에 주목해 보라. 그 자유로움을 느껴보라. 그것이 생각을 자신과 무의식적으로 동일시 하는 것을 멈춰줄 것이다. 그것이 그 고리를 끊는다."
— 피터 드지우반,《단순하게 알아차리기》

당신의 생각을 알아차리는 것이 곧 알아차림이며 당신의 감정을 알아차리는 것이 곧 알아차림이다. 화가 나는 것은 알아차림, 즉 진정한 당신이 아니다. 화가 나는 것은 당신의 마음이다. 화가 나고 상처받고 걱정하고 불안해하고 실망하는 것은 진정한 당신이 아니라 당신의 마음이다. 마음이 곧 당신이라고 믿기 때문에, 당신이 마음의 생각을 믿기 때문에 그것이 당신인 것처럼 느낄 뿐이다.

"텔레비전 화면 하단에 긴급 속보가 지나가듯 생각이 지나가게 내버려둬라. 지나가는 내용에 집중하지 않으면 화면 전체에 있는 그대로 존재할 수 있다."
— 칼랴니 로리

마음의 세 가지 생각

마음은 모든 것이 그렇듯 의식에서 생겨나지만, 아무리 그렇게 보여도 실제로 존재하는 독립체가 아니다. 마음은 컴퓨터 프로그램처럼 기계적인 활동이거나 과정이고, 반복적이다. 실제로 마음은 오직 세 가지 생각만 끝없이 반복한다.

"마음은 측정하고, 비교하고, 묘사한다. 이 세 가지가 마음이 계속해서 끊임없이 하는 일의 전부이다. 당신이 하는 말이나 머릿속 생각을 한번 살펴보라. 분명 측정하거나 비교하거나 묘사하는 생각일 것이다."
— 나의 스승

마음은 이렇게 측정한다. '거기까지 두 시간이 걸릴 거야.' '일주일 후에 휴가를 떠나.' '소포가 도착하려면 얼마나 걸릴까?' '4.5킬로그램을 뺐어.' '돈이 충분하지 않아.'

마음은 이렇게 비교한다. '나는 세단보다 SUV가 더 좋아.' '버스를 타는 것보다 걸어서 출근하는 게 더 좋아.' '그녀가 나보다 더 똑똑하고 재능도 훨씬 많아.' '그가 나보다 먼저 승진하게 됐어. 그럴 줄 알았지.' '저 사람 좀 봐. 내 몸매도 저랬으면 좋겠어.' '그는 예전의 그 사람이 아니야.'

그리고 마음은 우리가 아무것도 볼 수 없다는 듯 끝없이 무언가를 묘사한다. 하지만 우리는 마음의 실황 중계 없이도 삶에서 일어나는 모든 일을 아주 잘 볼 수 있다. 마음의 중계는 오히려 세상을 있는 그대로 바라보지 못하게 만들 뿐이다.

"우리의 관심은 대부분 생각에 맞춰져 있다. 우리는 우리가 하는 해석에 갇혀 삶의 충만함을 놓치고 있다."
— 칼랴니 로리

"마음은 떠오르는 모든 것으로 무언가를 만든다. 이것이 마음의 초기 설정이다. 너무 그래서 다른 방법이 있다는 생각조차 하지 못한다. 그저 떠오르는 모든 생각을 끊임없이 가공할 뿐이다. 마음을 사로잡고 놓아주지 않는 그 가공 작업이 사실 고통의 원인이라는 생각조차 할 수 없다. 우리 삶에서 일어나는 일들이 고통을 유발한다고 계속 생각할 뿐이다."

— 잔 프레이저,《문을 열며》

마음은 대상을 묘사하면서 이야기를 만든다. 세상과 현실에 대한 해석이다. 상상의 산물이다. 마음이 만들어낸 이야기는 대부분 '당신'에 관한 것이고, 만약 그대로 믿는다면, 그 이야기들은 당신에게 스트레스와 고통을 가져올 뿐만 아니라 당신의 삶을 엄청나게 제한한다. 부정적인 이야기를 믿으면 당신의 삶은 그대로 펼쳐질 것이다! 마음은 당신에 관한 부정적인 이야기를 지어내고 당신은 그 이야기에 믿음의 힘을 부여하고 이를 세상에 투영해 스스로 경험하게 만든다. 다음과 같은 생각들로 말이다.

'어떻게 해야 할지 모르겠어. 내가 감당할 수 없는 일 같아.'
'돈 관리를 잘 못해. 손가락 사이로 다 빠져나가 버리는 것 같아.'
'이 병은 유전이야.'
'심각한 문제가 생겼어.'
'그 트라우마에서 벗어나지 못할 것 같아. 그것 때문에 평생 괴로울 거야.'
'우린 오랫동안 함께였어. 그만큼 사랑한 사람이 없어. 절대 그를 못 잊을 거야.'

마음이 우리에게 하는 가장 큰 거짓말 중 하나는 몸과 마음이 곧 우리라는 이야기이다. 그리고 우리가 그 이야기를 믿기 때문에 그것이 우리의 경험이 된다. 우리는 누구에게나 일어날지도 모르는 일을 두려워하고 삶에서 일어나는 모든 사건과 상황에 대해 무력하다고 느낀다. 그리고 그것으로도 충분하지 않은지, 육체가 죽으면 삶 또한 끝난다고 믿으며 괴로워한다. 하지만 아이러니하게도 진정한 당신, 당신의 진정한 모습인 무한한 알아차림은 마음이 하는 이야기와 정반대이다.

"그와 같은 마음의 작용 방식을 받아들인다면, 인간이 아침에 눈을 뜬 순간에는 오직 고요함뿐이다. 그리고 마음이 끼어들어 이렇게 관여하기 시작한다. '오늘 할 일은 뭐지? 나는 몇 살이지? 나한테 어떤 문제가 있지? 잘못되는 일을 어떻게 해결하지?' 그렇게 매일 똑같은 이야기가 펼쳐진다. 당신은 부츠를 신고 다시 길을 나선다."
— 데이비드 빙엄, 컨셔스TV

마음이 우리에게 하는 또 다른 이야기는 시간에 관한 것이다. 시간은 모든 사람이 같은 달력과 시계 안에서 일하게 만들어 서로의 삶과 세상의 모든 일을 조율하는 편리한 도구이다. 하지만 아인슈타인이 발견했듯이 시간은 상대적이며 궁극적으로 시간이라는 것은 존재하지 않는다. 시간은 환상이다. 마음이 만들어낸 정신적 허구일 뿐이다.

"시간은 붙잡고 싶어도 언제나 손가락 사이로 빠져나간다. 사람들은 시간이 존재한다고 믿지만 이를 잡을 수는 없다. 존재하지 않기 때문에 붙잡을 수 없는 것이다."

— 줄리안 바버, 애덤 프랭크의《시간 연대기About Time》에서 인용

실제로 존재하는 것은 현재의 순간일 뿐이며, 아무리 노력해도 현재가 아닌 다른 시간에 일어나는 사건이나 상황은 찾아볼 수 없다.

시간이 없는 세계를 상상하는 것은 마음이 이해하지 못하기 때문에 불가능하다. 마음은 언제나 과거 혹은 미래에 있다. 현재의 순간을 인식하지 못한다. 당신이 지금 이 순간에 존재할 수 있다면 생각이 존재하지 않음을 알 수 있다. 많은 사람이 자신의 진정한 모습을 깨닫지 못하는 것 역시 마음의 작용 때문이다. 알아차림은 현재의 순간만 인식할 수 있기 때문이다!

마음이 시간을 창조한다고 생각하지 않으면, 마음 밖에서 시간을 찾을 수 있는지 살펴보라.

"어떤 생각도 하지 않으면서 과거에 대한 증거를 찾아보라. 과거에 대한

현재의 생각 말고 최대한 과거를 찾아보아라. 이는 불가능하다."
— 피터 드지우반,《의식이 전부다Consciousness Is All》 오디오북

이제 아무 생각 없이 미래를 찾아보라. 정말 열심히 찾아보라.

아무 생각 없이 과거나 미래에 대한 증거를 찾는 것은 불가능하다. 과거나 미래에 발을 들여놓을 수 있었던 사람은 단 한 명도 없다. 과거에 무슨 일이 일어났을 때, 그 일은 그때의 그 순간에 일어났다. 미래에 무슨 일이 일어날 때, 그 일 또한 그때의 그 순간에 일어난다. 직접 확인해 보라. 어린 시절 처음 자전거를 탔던 순간을 떠올려보라. 자전거 위에 앉아 있었을 때 당신은 과거에 있었는가? 아니면 그때 그 순간에 자전거를 타고 있었는가? 오늘 아침, 당신은 과거에서 눈을 떴는가? 아니면 오늘 아침 그 순간에 눈을 떴는가?

"과거와 미래는 경험할 수 없다. 과거와 미래는 마음으로 가공할 수 있을 뿐이다. 과거와 미래는 오직 생각의 형태로만 존재한다."

— 잔 프레이저,《놀라운 기쁨》

"지구의 과거에 대해 우리가 가지고 있는 유일한 증거는 암석과 화석이다. 하지만 이는 우리가 현재에 조사한, 안정적인 형태로 배열된 광물일 뿐이다. 결국 우리가 가지고 있는 것은 과거에 대한 기록일 뿐이며 그것을 '지금' 가지고 있을 뿐이다."

— 줄리안 바버, 애덤 프랭크의《시간 연대기》에서 인용

시간이 존재하지 않는다는 말을 처음 들었을 때 내 마음은 시간의 존재를 증명하기 위한 온갖 생각으로 복잡했다! 예를 들면 오래된 건물은? 그것이 바로 과거가 존재했다는 증거 아닌가? 하지만 조금 더 생각해 보면 그 건물 역시 그때의 그 순간에 세워진 것이다. 내가 과거의 건물을 보며 서있는 것 또한 바로 현재에 벌어지고 있는 일이며, 그 건물을 보는 모든 사람 역시 그때 그 순간에 건물을 보고 있다. 결국 시간의 존재를 증명하기 위해 내가 떠올린 생각은 전부 오류가 있었다. 존재하는 것은 오직 현재의 순간이기 때문이다.

"당신이 어떻게 생각하든 당신은 현재에 존재한다. 존재하는 것은 오직 이 순간뿐이며 이 순간은 무한하고 당신은 지금 이 순간 말고 다른 어떤 순간에도 존재할 수 없다."

— 나의 스승

"현재는 과거와 미래라는 두 개의 광대한 공간 사이에 낀 시간이 아니다. 현재의 '지금'이 존재하는 유일하고 영원한 '지금'이다. 어디에서 온 시간도 아니고 어디로 가는 시간도 아니다."
— 루퍼트 스파이러, 《사랑의 잿더미》

시간이 환상일 뿐이라는 가능성에 마음을 열 수 있다면 조금 더 쉽게 자유로워질 수 있을 것이다.

"미래는 결코 오지 않는다. 생각해 보라. 미래는 결코 오지 않는다. 오직 현재만 존재할 뿐이다. 현재에서는 삶을 놓치는 것이 쉽지 않다. 가야 할 곳도 없고, 해야 할 일도 없다. 모든 일은 지금 벌어진다. 다른 어떤 곳에서도 아니다. 나중에 무슨 일이 일어날지 궁금해하거나, 이미 왔다 간 것에 대해 계속 생각하는 마음에서 벌어지는 일이 절대 아니다."
— 잔 프레이저, 《문을 열며》

"과거는 기억으로 이루어져 있고 미래는 상상으로 이루어져 있다. 어느 것도 생각의 영역 바깥에서는 존재하지 않는다."
— 루퍼트 스파이러, 《사랑의 잿더미》

마음은 과거와 미래를 끝없이 응시하지만, 두 가지 모두 존재하지 않으며 우리에게 스트레스와 걱정만 선사할 뿐이다. 당신은 이렇게 생각한다. '회의에 늦겠네. 상사와 동료들이 몹시 화를 낼 거야. 지난주에도 늦었잖아. 이 일로 해고될지도 몰라.' 그 생각을 사실로 믿지 말고 그저 엉성한 생각일 뿐임을 알아차려라. 만들어진 이야기일 뿐이다. 하지만 당신이 당신의 마음을 믿는다면 그 이야기는 사실이 되고 만다.

스토리텔링은 마음이 기계적으로 작동시키는 프로그램 중 하나에 불과하지만, 그 이야기가 사실이라고 많은 사람을 설득해 왔다. 시간이 존재한다는 이야기, 우리는 곧 우리 몸과 마음이라는 이야기, 우리는 태어났다가 죽는 개별적 존재라는 이야기 등을 말이다. 이 모든 이야기가 모여 우리가 경험하는 현실을 구성하지만, 이 모든 이야기는 전부 마음속에 있을 뿐이고 그러므로 오직 머릿속 생각일 뿐이다.

"사람들이 좋아하거나 싫어하는 것은 당신이 아닙니다. 당신에 관한 이야기입니다."
— 바이런 케이티,《당신의 아름다운 세계》

당신이 원하지 않는 이야기라면 마음이 하는 이야기를 믿지 말라. 그렇지 않으면 그 이야기에 빠져들고 말 것이다. 마음의 작용을 조심하고 오직 완벽과 선 자체인 당신에 관한 어떤 이야기나 생각도 받아들이지 말라. 완벽하고 순수한 선이 바로 당신의 진정한 모습이기 때문이다!

알아차림이 출구다

"생각이란 무엇인가? 에너지의 움직임이다. 감정이란 무엇인가? 에너지의 움직임이다."
— 피터 로리의 강연, '무한한 의식Consciousness Unlimited'에서

무한한 알아차림인 당신은 결코 생각의 영향을 받을 수 없다. 그러니 당신
의 생각을 알아차리고 있는 그대로 생각을 바라보라. 그저 생각으로, 흘러
가는 에너지로 말이다.

"생각은 날아가는 새와 같다. 분석하지 말고 그저 날아가게 내버려둬라.
'어디 가니? 넌 어떤 종류의 새니? 가족은 어디 있니? 몇 살이니?' 묻지 말
고 그저 날아가게 두어라."
— 나의 스승

마음을 없애버리거나 마음과 전쟁을 치를 필요는 없다. 그렇게 하면 오히
려 마음에 더 큰 힘만 더해질 뿐이다. 마음의 혼란에서 벗어나는 방법은
알아차림이다. 더 이상 생각을 믿지 않을 수 있도록 당신의 생각을 알아차
려라. 생각을 알아차리면서 동시에 그 생각을 믿을 수는 없다. 생각에 대한

알아차림이 그 생각을 진실로 여기는 생각과 동일시하는 것을 막아주기 때문이다. 빠져들지 않고 관찰할 때 생각을 있는 그대로 바라볼 수 있다. 믿거나 믿지 않기로 선택할 수 있는 것이 된다는 뜻이다.

"당신의 진정한 모습은 듣기 위해 생각이 필요하지 않다. 보기 위해 생각이 필요하지 않다. 몸과 주변 환경을 느끼기 위해 생각이 필요하지 않다. 당신의 진정한 모습은 생각에서 자유롭다. 알아차림은 그 어떤 생각도 없이 가장 먼저 모든 것을 듣고, 이해하고, 느낀다."
— 나의 스승

기억하라. 생각은 당신을 알아차리지 못한다. 당신이 바로 생각을 알아차리는 '알아차림'이다.

"당신이 자신을 얼마나 심각하게 받아들여 왔는지 기꺼이 볼 수 있다면 당신의 마음은 살랑살랑 불어오는 따뜻한 바람과 함께 평화를 느끼기 시작할 것이다. 당신이 자신이라고 붙잡고 있던 사람은, 당신의 의견, 당신의 욕망과 두려움, 당신이 마음을 쏟은 것들은 점차 흐릿해질 것이다. 삶은 이상하게 수월해진다. 기쁘기까지 하다. 일어날 일은 … 그저 일어난다. 당신은 정말로, 진짜로 아무렇지도 않다. 그에 대한 어떤 의견도 레이더 화면에 떠다니지 않는다. 당신의 머릿속은 무척 조용해진다. 그동안 무난한 삶을 위해 얼마나 열심히 노력했는지 깨닫는다. 당신의 삶은 이제 막 시작되었다."
— 잔 프레이저, 《문을 열며》

5장 요약
Summary

• 생각을 믿는 습관은 진정한 자신으로 위대하고 장엄하게 살아가지 못하게 가로막는다.

• 실제의 사람과 상황, 사건이 아니라 그에 대한 당신의 생각이 당신 삶에서 부정적인 환경을 만든다.

• 생각은 당신이 원하는 것을 주문하기 위해 만들어졌다. 생각은 다른 어떤 것을 위해서도 필요하지 않다. 다른 모든 것은 알아차림이 책임지고 있을 뿐이다.

• 마음은 뇌가 아니다. 뇌는 생각하지 않는다. 생각은 마음에서 나온다.

• 마음은 전적으로 생각으로 이루어져 있다. 지금 하고 있는 생각이 없으면 마음도 없다.

• 대부분의 사람은 생각이 사실이라고 믿는다. 많은 이들의 삶이 어렵고 스트레스로 가득 찬 것은 바로 그 때문이다.

• 스트레스와 고통의 원인은 부정적인 생각이다. 그러므로 부정적인 생각을 특히 잘 알아차려야 한다.

• 생각을 믿을 때 우리는 머릿속에서 돌아가고 있는 마음이 만들어낸 상상 속 영화에 즉시 빠져든다. 그리고 더 이상 있는 그대로의 세상을 경험하

지 못한다.

- 생각은 또 우리의 감정을 유발하는 책임이 있다. 감정은 다시 더 많은 생각을 만든다.

- 마음에는 문제가 없다. 문제는 우리가 마음이 만들어내는 부정적인 생각을 믿을 때 시작된다.

- 화가 나고 상처받고 걱정하고 불안하고 실망한 사람은 진정한 '당신'이 아니다. 당신의 마음일 뿐이다.

- 마음은 세 가지 종류의 생각밖에 하지 못한다. 측정하고, 비교하고, 묘사한다.

- 마음이 하는 가장 큰 거짓말 중 하나는 몸과 마음이 곧 나라는 이야기이다.

- 마음은 시간에 대해서도 거짓말을 한다. 시간은 환상이다. 마음이 만들어낸 머릿속 개념일 뿐이다.

- 실제로 존재하는 것은 오직 지금 이 순간뿐이다. 과거와 미래는 생각으로만 존재한다.

- 마음을 없애버리거나 마음과 전쟁을 치를 필요는 없다. 알아차림이 마음의 혼란에서 빠져나오는 길이다.

- 생각 속에서 길을 잃지 않고 생각을 관찰할 때, 믿거나 믿지 않기로 선택할 수 있는, 당신과 분리되어 있는 생각을 있는 그대로 바라볼 수 있다.

... the nearest of experience and yet the most ...

... reasoning ... than the one of delusion ... to clo ...

... so subtle your mind can't understand it ... so ...

... too good you can't accept it ... man ...

... the most concealed ... is the greatest discovery ...

... being ... hidden in plain sight ... more hidden ...

... the most concealed ... more evident than the most evident ...

... there's nothing greater than this ... greatest secret is ...

... right of ... very one of us to see ... closer to us than ...

... very ... yet it's so right it's ... unspeakable peace ...

... of emotional and mental ... have ceased ... Blissful ...

... the absolute power you have over everything in the ...

... the most obvious element of experience and yet the ...

... absolute ... the secret of secrets ... the end of del ...

... you can't see it ... so subtle your mind can't ... stand it ...

... maybe you can't believe it's so good, you can't accept it ...

... more hidden than the most concealed ... this is the greatest ...

... a human being co ... make ... hidden in ...

... den than the most concealed ... more ...

... evident ... things ... there's nothing grea ...

... secret is in plain view for ... anyone of ...

6장

감정의 힘 이해하기

Understanding the Power of Feelings

지금부터 부정적인 감정에 빠져들지 않으며 사는 것이 가능하다. 당신의 진정한 모습인 알아차림의 상태로 살아갈 때 부정적인 감정은 지금까지처럼 당신에게 영향을 미치지 않을 것이다. 진정한 당신은 언제 어떤 조건에서도 순수한 행복 그 자체이다. 당신에게 영향을 미치는 부정적인 감정을 끊어내는 것이 어렵다고 생각할 수도 있지만 그것이 가능하다는 걸 당신도 곧 발견할 것이다.

"부정적인 감정은 파괴적이다. 우리의 본성은 건설적이다."
— 나의 스승

나는 이 책에서 제시한 훈련 방법 덕분에 더는 부정적인 감정 때문에 고통받지 않는다. 부정적인 감정이 올라와도 강도가 약하고, 내가 인지하면 곧 사라진다. 예전에는 허리케인에 휩싸이듯 부정적인 감정에 빠져들었다. 하지만 그 비밀을 발견한 후 나는 매 순간 내가 무엇을 느끼고 있는지 정확히 알아차릴 수 있게 되었다. 감정을 알아차릴 수 있다면 당신도 곧 깨달을 것이다. 부정적인 감정을 영원히 없애는 다음 단계는 오직 하나뿐이라는 것을 말이다. 모든 부정적인 감정에서 자유로워질 때 남는 것은 바로 당신 자신인 무한한 알아차림이며 당신의 삶은 숨 막힐 정도로 경이로워 질 것이다.

"최고의 삶이 이렇게 수월할 수 있다는 사실을 깨달으면, 그 반대를 상상 하는 데 엄청난 노력이 필요해질 것이다."
— 레스터 레븐슨

감정의 본질을 이해하면 감정이 당신에게 미치는 영향력을 줄이는 데 도 움을 받을 수 있다.

감정은 (그리고 생각과 느낌은) 에너지의 움직임일 뿐이다. 에너지는 진동 하고, 이는 곧 생각처럼, 감정도 진동한다는 뜻이다. 서로 다른 감정은 서 로 다른 주파수에서 진동한다. 선한 감정은 높은 주파수에서 진동하고 신 체에 유익하며 당신 삶을 둘러싼 환경에 긍정적인 영향을 미친다. 긍정적 인 감정은 또한 다른 존재들은 물론 이 행성 전체에도 도움이 된다. 부정 적인 감정은 낮은 주파수에서 진동하고 몸과 당신 삶의 환경, 다른 존재, 그리고 이 행성에 해롭다. 그렇다면 애초에 그 감정들은 전부 어디에서 오 는 것일까?

생각이 감정을 만든다. 당신이 하는 생각은 그와 똑같은 종류의 감정을 만 들어낸다. 행복한 생각을 하면 행복을 느낀다. 행복을 느끼면서 동시에 화 가 나는 생각을 할 수는 없다. 행복한 생각은 행복한 감정을 유발하고, 이는 더 행복한 생각을 만들어낸다. 마찬가지로 분노를 느낀다면 그 분노는 당신이 했던 분노에 찬 생각에서 만들어진 것이다. 생각과 감정은 언제나 함께이다. 생각과 감정은 동전의 양면이다.

어떤 상황에서 부정적인 생각과 감정이 당신을 지배하도록 내버려둔다면, 그날의 모든 일이 차례로 잘못될 것이다. 하지만 좋은 감정을 느끼면 그날은 좋은 일만 일어날 것이다. 당신이 내면에서 느끼는 것은 당신이 세상에서 경험하는 것과 정확히 일치한다.

"이제 당신은 그 무엇도 외부에서 스스로 생겨나지 않고 모두 내면의 생각과 감정에서 비롯된다는 점을 알았다."
—《시크릿》

긍정적인 감정

긍정적인 감정에는 아무런 노력도 필요하지 않다는 사실을 알고 있는가? 기분이 좋을 때는 몸이 깃털처럼 가볍고 에너지가 끝없이 공급되는 것 같다고 느낄 것이다. 감정에 민감해지면 좋은 감정이 자신의 몸과 마음에 미치는 긍정적인 영향도 알아차릴 수 있다.

기분이 좋다는 것은 축구 경기의 치어리더처럼 신나게 방방 뛴다는 뜻이 아니다. 당신도 분명 경험해 보았을 텐데 과도하게 흥분하면 모든 에너지를 낭비하게 되고 곧 몹시 피곤해진다.

기분이 좋다는 것은 중요한 날을 아주 잘 보낸 저녁에, 휴가 중에 나른한 시간을 보낼 때, 혹은 열심히 운동하고 샤워를 한 다음 맛있게 저녁을 먹거나 가장 좋아하는 프로그램을 볼 때의 기분 같은 것이다. 편안함과 안도감을 느끼고, 마음을 내려놓은 채 평화로운 행복을 느낀다. 자연스럽게 이런 말이 나온다. "아, 좋다." 그것이 바로 기분이 좋은 것이다. 삶에 대한 무시무시한 집착을 내려놓을 수 있다면 자연스럽게 기분이 좋아질 것이다. 좋은 기분이 당신의 본성이기 때문이다. 기분이 좋다는 것은 좋은 감정이 자연스럽게 나타나도록 당신이 부정적인 감정을 내려놓았다는 뜻이다.

"좋은 감정은 즐겨야 한다. 좋은 감정은 기쁨의 표현이며 우리를 다시 기쁨으로 데려간다. 그 기쁨이 곧 우리의 본성이다. 그러니 기쁨을 즐기고 기쁨과 하나가 되어라."
— 프란시스 루실,《침묵의 향기》

긍정적인 감정은 삶에서 일어나는 일에 '네.'라고 대답한 결과이다. 긍정적인 감정은 '네, 나는 원합니다.' '네, 그렇게 되면 좋겠어요.' '네, 좋아요.' '네, 마음에 들어요.' '네, 좋은 생각이네요.'라는 대답에서 온다.

긍정적인 감정에는 그 어떤 문제도 없다. 행복과 긍정적인 감정은 결국 알아차림에서 온다. 좋은 감정을 누리고 좋은 감정과 사랑에 빠져라.

부정적인 감정

부정적인 감정은 주변에서 일어나는 일에 '아니오!'라고 대답하거나 생각한 결과이다. 부정적인 감정은 '싫어. 난 그걸 원하지 않아!'라는 대답에서 온다. 마음을 상하게 하는 누군가의 말이나 행동, 당신의 의견에 대한 반대, 원하는 대로 펼쳐지지 않는 크고 작은 상황, 논쟁에 휘말리고, 지각하고, 건강에 문제가 생기고, 관계가 깨지고, 빚이 늘고, 휴대전화를 잃어버리고, 차가 막히고, 배달이 늦고, 재고가 없고, 날씨가 너무 덥거나 춥고, 정부가 일을 못하고, 비행기가 연착되거나 취소되고, 주차장에 자리가 없고, 슈퍼마켓이나 은행, 공항에서 줄이 긴 것 등 온갖 일들에 대한 반응으로 말이다.

'안 돼! 이건 마음에 들지 않아.'라고 말하거나 생각할 때 이는 즉시 당신 안에 저항을 일으키고 그 저항은 부정적인 감정을 만들어낸다. 그리고 그 상황에 저항하는 것으로 충분하지 않다는 듯 우리는 그 부정적인 감정에도 저항한다. 부정적인 감정의 올가미에 걸려 기분은 더 나빠지지만 사실 그 기분은 외부에서 벌어진 일 때문이 아니라 자기 안의 반응에서 유발된 것이다. 이미 일어난 일에 대한 우리의 저항과 부정적인 감정은 원하지 않는 상황에 우리를 단단히 붙잡아놓을 뿐만 아니라, 우리 몸에서 에너지를 앗아가고 심지어 면역체계에까지 영향을 미친다!

"어떤 일에 슬픈 감정을 느끼는 것은 그 일을 붙들고 있는 것이다. '내려놓아야 해.'라고 말하면 즉시 기분이 좋아질 것이다."
— 레스터 레븐슨,《세도나 마음혁명》

긍정적인 감정은 알아차림의 본성이기 때문에 어떤 노력도 기울일 필요가 없다. 우리는 긍정적인 감정으로 이루어져 있다. 기쁨과 행복, 사랑으로 구성되어 있다. 부정적인 감정은 그것을 유지하는 데 엄청난 에너지가 필요하다. 그렇기에 우리가 부정적인 감정에 휘말릴 때 에너지를 잃고 피곤해지는 것이다. 분노와 같은 부정적인 감정이 한 차례 지나가면 우리는 녹초가 된다. 그와 같은 감정을 만들고 유지하기 위해 엄청난 노력과 에너지가 필요하기 때문이다. 부정적인 감정은 우리의 진정한 모습이 아니므로 노력이 필요하다. 부정적인 감정을 느낀다는 것은 우리가 자신의 본성과 싸우고 있다는 뜻이다.

"'에고'를 유지하기 위해서는 엄청난 에너지가 필요하다.
— 피터 로리

"인간이 되는 데에는 엄청난 에너지가 필요하다. 자기 자신이 되는 데에는 아무런 에너지도 필요하지 않다."
— 무지

"에고를 충분히 내려놓고 나면 자연스럽게 진정한 자아의 평화와 기쁨을 느끼게 된다."
— 레스터 레븐슨,《세도나 마음혁명》

긍정적인 감정은 부정적인 감정이 없을 때 자연스럽게 생겨난다. 긍정적인 감정을 느끼기 위해서 어떤 노력도 필요하지 않다. 부정적인 감정을 내려놓기만 하면 자연스럽게 행복하고 좋은 기분을 느낄 수 있을 것이다.

"사랑에는 힘이 들지 않는다. 증오에는 엄청난 힘이 든다."
— 레스터 레븐슨,《세도나 마음혁명》

파묻힌 감정

"지금 당신이 짊어지고 있는 감정적 부담은 대부분 애초에 당신이 억압해
온 감정이었다."
— 잔 프레이저,《존재의 자유》

어린 시절부터 우리는 수없이 많은 부정적인 감정을 무의식적으로 억압해
왔고 그 감정들은 지금 우리의 잠재의식에 저장되어 있다. 잠재의식에 묻
혀 있는 부정적인 감정은 우리의 삶과 에너지를 갉아먹는다. 우리 몸에 갇
혀 있는 그 부정적인 감정의 에너지가 우리 몸의 건강과 우리 삶의 다양한
상황에 해악을 미친다.

부정적인 감정은 우리가 억압하고 묻어놓았던 감정일 뿐이며, 그렇기 때
문에 억압된 감정과 부정적인 감정은 사실 똑같은 것이다. 화가 났을 때
당신이 느끼는 분노는 당신 내면 깊은 곳에 억압되어 있던 바로 그 분노일
뿐이다.

게다가 억압된 부정적인 감정은 많은 부정적인 생각과 엮여 있고, 애초에 그 생각이 처음의 부정적인 감정은 물론 그와 관련된 이후의 모든 생각도 유발한 것이다. 억압된 부정적인 감정과 연결된 생각은 스스로 계속 되살아나며 우리를 마음에 붙잡아놓고 우리 삶에 영향을 미치며 우리가 진정한 자아를 깨닫지 못하게 만든다.

세 살 이전의 아기들은 감정을 억압하지 않는다. 알아차림이라는 본성대로 살고 있기 때문에 모든 감정을 자연스럽게 내려놓는다. 아이들이 눈물을 흘리다가 몇 초 만에 웃음을 터트릴 수 있는 것도 바로 그 때문이다. 그들은 어떤 감정에도 저항하지 않는다.

"성인이라는 딱지가 붙을 때쯤이면 마치 타고난 듯 감정을 억압하는 것이 자연스러워진다. 처음에 감정을 잘 내려놓을 수 있었던 것 정도로 혹은 그보다 더 감정을 억압하는 데 능숙해진다. 사실 우리는 감정적 에너지를 너무 많이 억압해 누구나 어느 정도는 걸어 다니는 시한폭탄 같은 상태라고 할 수 있다. 가끔은 너무 늦을 때까지 우리가 진짜 감정적 반응을 억압하고 있다는 사실조차 모른다. 그리고 이는 결국 스트레스와 관련된 질병의 징후로 드러나기도 한다. 어깨가 뭉치고 배가 꼬인다. 그렇지 않다면 지금 후회하고 있을 말이나 행동을 해버렸을 것이다."
— 헤일 도스킨,《세도나 메서드The Sedona Method》

부정적인 감정을 유발하는 부정적인 경험을 할 때 그 부정적인 감정을 완전히 내려놓지 않으면 그 감정은 결국 당신 안에서 가라앉아 억압된다.

마침내 속이 시원해졌다는 생각이 들어도, 혹은 당신을 화나게 만들었던 상황이 해결되어도, 부정적인 감정을 확실히 내려놓지 않으면 그 감정은 잠재의식에 억압된 채 남아있게 된다.

"부정적인 감정의 표현은 내면의 압력만 겨우 표출해 주는 것이기 때문에 남은 감정은 고스란히 억압된다. 이것이 아주 중요한 지점이다. 오늘날 많은 사람이 감정을 표현하면 그 감정에서 자유로워진다고 믿지만 결코 그렇지 않다."

— 데이비드 R. 호킨스 박사,《놓아 버림Letting Go》

그래서 압력이나 증기를 빼는 것은 답이 아니다. 이는 이미 억압된 감정에 더 큰 에너지를 투여하는 일이다. 표현된 감정 또한 억압되기 때문이다.

가끔 우리는 부정적인 감정을 '의도적으로' 억압하고, 그 억압된 감정 역시 잠재의식으로 가라앉는다. 비탄이나 슬픔 같이 우리를 불편하게 만드는 감정을 외면하거나 분노 같은 감정을 참으면서 의도적으로 감정을 억누른다.

"억압은 감정을 밀어내고 부정하고 존재하지 않는 척하면서 감정의 뚜껑을 닫아놓는 것이다. 우리가 느꼈다가 내려놓지 않는 모든 감정은 자동으로 잠재의식이라는 우리 마음의 일부에 저장된다. 감정을 억압하는 가장 흔한 방법은 바로 그 감정에서 도망가는 것이다."

— 헤일 도스킨,《세도나 메서드》

가족이나 친구에게 실망했던 경험을 떠올려보자. 그 사람이 당신을 실망시킬 행동을 했고 그래서 당신이 그들에게 실망했다는 것이 당신의 생각이다. 실망이라는 그 감정은 당신 안에 억압되어 남아있고 그 갇힌 감정적 에너지의 압력이 점점 세져서 결국 그중 일부는 빠져나와야 한다. 억압된 실망은 압력의 일부를 몸 밖으로 분출할 출구를 찾아야 한다. 그래서 당신을 실망시킬 사람, 상황, 혹은 사건을 찾아 점점 커지는 에너지의 일부를 분출하려고 한다. 이는 억압되어 있는 모든 부정적인 감정에 적용되며 대부분의 사람은 다양한 부정적 감정을 억압하고 있다. 그 감정을 느낀 적이 있다면 그 감정을 억압하고 있는 것이다.

짜증 난 적이 있다면 그 짜증은 이미 당신 안에 억압되어 있던 감정이다. 내면에 이미 억압된 짜증이 없다면 무엇에 대해서도 짜증이 나지 않을 것이다. 그러니 언제든 당신이 느끼는 짜증은 전부 그동안 억압해 왔던 원래의 짜증이 새어나오는 것이다. 분노, 좌절, 짜증, 복수심, 증오, 우울, 슬픔, 절망, 질투, 죄책감, 수치심, 조급함, 환멸, 실망, 격분, 당황스러움 같은 모든 부정적 감정이 전부 마찬가지다. 불행히도 우리는 어린 시절 많은 부정적 감정을 억압해 왔다. 천진난만한 아이에게는 그와 같은 부정적 감정을 다루는 것이 너무 고통스러웠고, 있는 그대로 느끼기보다 밀어내는 것이 점차 습관이 된 것이다. 이렇게 결국 부정적인 감정을 일평생 참고 억누르게 된다.

마음은 감정의 진짜 원인이 외부에 있다는 투사를 사용해 부정적 감정의 진짜 원인을 숨긴다.

"마음은 다른 사람이나 사건이 감정을 '유발'했다고 비난하며 자신은 외적 요인에 대해 무력하고 순수한 피해자인 척한다. '저들이 나를 화나게 했어.' '그 사람 때문에 속상해.' '저게 날 무섭게 해.' '세상에서 벌어지는 사건 때문에 불안해.' 하지만 실제로는 그와 정반대이다. 참아 억누른 감정들이 이를 터트릴 출구를 찾아 주변 사건을 방아쇠나 구실로 활용하는 것뿐이다. 우리는 곧 김을 잔뜩 뿜어낼 압력밥솥처럼 기회가 오기만 기다리고 있다. 방아쇠를 최대한 당겨 총을 쏠 준비를 하고 있다. 정신의학에서는 이와 같은 방어기제를 전치displacement라고 한다. 우리가 화가 나 있기 때문에 그 사건이 우리를 화나게 '만든' 것이다."

— 데이비드 R. 호킨스 박사,《놓아 버림》

분노와 같은 부정적 감정이 순식간에 몰아칠 때 정말 압력밥솥이 된 것 같다고 느껴본 적 없는가? 잦은 분노로 괴로워하는 사람은 특히 어린 시절에 엄청난 분노를 억압했던 경험이 있을 것이다. 그들은 다른 사람이나 상황 때문에 화가 났다고 믿겠지만 그 분노의 유일한 원인은 바로 내면에 억압된 분노이다.

"스트레스의 진짜 원인은 사실 내부에 있다. 스트레스의 원인은 흔히 생각하는 것처럼 외적 요인이 아니다. 예를 들어 어떤 사건에 얼마나 큰 두려움으로 반응할지는 자극에 반응할 준비가 된 두려움이 내부에 이미 얼마나 있는가에 따라 달라진다. 내면에 두려움을 더 많이 가지고 있는 사람일수록 세상을 더 무섭고 조심해야 하는 곳으로 인식한다. 두려움이 많은 사람에게 이 세상은 무서운 곳이다. 화가 많은 사람에게 이 세상은 불만과 짜증의 혼란 덩어리이다. 죄책감 많은 사람에게 이 세상은 어딜 가나 유혹과 죄악뿐이다. 우리가 내면에 담고 있는 것이 이 세상의 특징이 된다. 죄책감을 내려놓으면 순수함이 보일 테지만, 죄책감으로 힘들어하는 사람에게는 악만 보일 것이다."

— 데이비드 R. 호킨스 박사,《놓아 버림》

그러므로 다음에 부정적인 감정에 휩싸이면 상황이 어떻게 보이든 그 감정이 이미 당신 안에 있기 때문에 경험하는 것뿐이라는 사실을 기억하라. 타인이나 외부적인 사건 때문이 아니다.

어쩌면 당신은 우리가 이 문제를 제대로 해결하지 못했다고 생각할지도 모른다. 어쨌든 경험적으로 볼 때 부정적인 감정이 우리 몸 '안'에서 나온다는 것은 확실하다. 길을 걷다가 갑자기 부정적인 감정을 피해 몸을 숙여야 할 일은 없다! 부정적인 감정은 오직 우리 몸속, 다른 사람의 몸속에 있을 뿐이다. 부정적인 감정을 유발하는 것은 주변 사람이나 상황, 사건이 아니라 그에 대한 우리의 '반응'이다.

자기야, 내가 작아졌어

부정적인 감정은 그 감정이 곧 자신이라고 믿을 때 더 강력해진다. 하지만 우리가 어떻게 감정일 수 있는가? 감정과 자신을 동일시하는 것은 하찮은 감정 하나가 우리를 좌지우지하도록 내버려두면서 우리의 무한한 자아를

움츠러들게 만드는 것이다.

"생각과 감정은 우리가 에너지를 주기 때문에 강력해 보인다. 스스로 오르내리게 내버려두기 때문에 계속 움직이는 것이다."
— 칼랴니 로리

"'나는 슬프다.'라고 말하는 것은 옳지 않다. 우리는 이렇게 말해야 한다. '지금 슬픔의 감정이 나를 통과하고 있어.' 슬픔의 감정이 흐르게 내버려두면 우리도 모르는 사이 자연스럽게, 슬픔이 흐르지 않는 곳에 서있게 될 것이다."
— 프란시스 루실,《침묵의 향기》

다음과 같이 자문해 보라:
당신은 슬픔이라는 감정인가, 아니면 슬픔을 인식하는 주체인가?
당신은 슬픔을 인식하는 주체이다.

당신은 슬픔이 오기 전에 여기 있었는가?
분명히 그랬을 것이다.

당신은 슬픔이 떠난 후에도 여기 남아있을 것인가?
여전히 여기 있을 것이다.

슬픔이 사라지면 당신은 당신의 일부를 잃어버리는가?
결코 그렇지 않을 것이다.

그렇다. 당신은 슬픔이 오기 전부터 여기 있었고, 슬픔이 떠난 후에도 온전하게 여기 있을 것이다. 당신은 슬픔이 아니기 때문이다. 슬픔은 당신이 알아차리는 대상이다. 슬픔은 결코 당신이 아니다. 감정이 당신을 콩알만 한 크기로 작아지게 만들도록 두지 말라. 당신은 우주를 품고 있는 무한한 존재이다!

"소심하게 행동하지 말라. 당신은 황홀하게 움직이는 우주이다."
— 루미

나의 스승은 모든 부정적인 감정에 다음과 같은 질문을 던져보라고 했다.

"내가 곧 감정인가, 아니면 그 감정을 알아차리는 주체인가?"

이 질문은 당신의 감정에 실려 있는 거의 모든 힘을 즉각 무력화시킨다. 당신이 느끼는 감정과 당신 자신을 동일시하는 것을 막아주기 때문이다.

"생각과 감정은 역에 도착했다가 다시 출발하는 기차와 같다고 생각하라. 그 기차의 승객이 되지 말고 역이 되어라."
　　— 루퍼트 스파이러, 《사랑의 잿더미》

감정은 나타났다가 사라진다는 것을 기억하라. 그리고 감정이 처음 나타날 때 이를 알아차리고 또 사라질 때 이를 알아차리는 것은 바로 당신, 곧

알아차림이다.

"부정적인 감정은 실재하는 것이 아니라 당신 마음 안에 있을 뿐이다. 결코 그 감정과 당신을 동일시하지 말라. 그 감정은 '나'와 아무 상관이 없다. 당신의 진정한 모습을 그 감정과 엮어 정의하지 말라. '나는 우울해.'라고 말하지 말라. '이건 정말 우울한 일이야.'라고 말하는 것은 괜찮다. '우울함이 왔어.'라고 말해도 괜찮다. '우울한 기운이 있네.'라고 말하는 것도 괜찮다. 하지만 '나는 우울해.'라고 말하지 말라. 이는 자신을 그 감정과 엮어 정의하는 것이다. 그것은 당신의 착각이고 실수이다. 지금 우울함이 있다. 고통스러운 감정이 있다면 그것을 그저 가만히 내버려둬라. 곧 지나갈 것이다. 모든 것은 지나간다. 모든 것은."

— 앤소니 드 멜로,《알아차림》

"당신의 마음에게 말하라. '원하는 만큼 흥분하고 우울해하라. 나는 그대를 관찰하거나 무시할 뿐, 절대 그대와 함께하지 않을 것이다.'"

— 무지

내면의 일

"의사를 찾아가 무엇 때문에 고통스러운지 하소연하는 환자가 있다. 의사가 말한다. '좋아요. 증상을 이해했습니다. 자, 이제 이렇게 하시면 됩니다. 처방전을 써드릴 텐데, 이건 당신의 이웃을 위한 겁니다!' 환자가 대답한다. '감사합니다, 선생님. 상태가 훨씬 낫네요.' 이상하지 않은가? 하지만 그것이 바로 우리가 늘 하는 일이다. 깨어나지 못한 사람은 언제나 다른 사람이 변하면 괜찮아질 거라고 생각한다. 당신은 깨어있지 못하기 때문에 고통받고 있지만 이렇게 생각한다. '다른 사람이 변하면 삶이 얼마나 아름다워질까? 이웃이 변하면, 아내가 변하면, 직장 상사가 변하면 내 삶이 얼마나 멋져질까?'라고 말이다."

— 앤소니 드 멜로,《알아차림》

당신의 기분이 나아지기 위해 주변 사람이나 상황, 사건이 변하길 기대하지 말라. 그 무엇도 변하지 않을 것이기 때문이다. 세상이 당신의 의도와 기대에 따라 변하길 기다린다면 당신은 절대 행복해질 수 없다. 어떤 순간에도 기분을 바꾸는 것은 당신 내면의 일이다.

"우리는 외적 상황을 변화시키고, 배우자를, 직장 상사를, 친구를, 적을, 그리고 모든 이들을 변화시키기 위해 시간과 에너지를 쓴다. 하지만 그 무엇도 변화시킬 필요가 없다. 부정적인 감정은 당신 안에 있다. 이 지구상의 그 누구도 당신을 불행하게 만들 힘이 없다. … 아무도 당신에게 이렇게 말해 주지 않았다. 그 반대로 말해 주었다."

— 앤소니 드 멜로,《알아차림》

부정적인 감정은 스스로 만든 것이다. 우리의 스트레스와 분노는, 아무리 세상이 우리에게 짊어지게 한 것이라고 우기고 싶어도, 우리 자신이 만든 것이다.

"타인의 행동은 당신에게 평화를 주거나 빼앗을 힘이 없다."
— 잭 오키프

"그 어떤 사건도 부정적인 감정을 정당화시킬 수 없다. 이 세상의 그 어떤 상황도 부정적인 감정을 정당화시킬 수 없다. 그것이 바로 현자들이 목이 쉴 때까지 우리에게 외쳐온 말이다. 하지만 아무도 듣지 않았다. 부정적인 감정은 당신 안에 있다."
— 앤소니 드 멜로,《알아차림》

부정적인 감정을 스스로 만든다는 것은 좋은 소식이다. 그 말은 곧 우리에게 이를 멈출 힘이 있다는 뜻이기 때문이다! 부정적인 감정으로 심하게 고통받을 때 우리는 출구를 찾고 싶어 한다. 불행하고 비참한 상태일 때 우리는 출구 찾는 법을 더 잘 배울 수 있다. 더 좋은 소식은 부정적인 감정을 영원히 사라지게 하는 아주 쉬운 방법이 있다는 것이다.

6장 요약
Summary

• 모든 부정적인 감정에서 자유로울 때 남아있는 것은 당신 자신인 무한한 알아차림이며 당신의 삶은 그야말로 경이로워질 것이다.

• 생각은 감정을 만든다. 당신이 하는 생각이 그와 같은 종류의 감정을 만들어낸다.

• 당신이 내면에서 느끼는 것은 당신이 내면이 아닌 외부 세계에서 경험하는 것과 정확히 일치한다.

• 좋은 감정을 느끼는 것이 당신의 본성이다. 좋은 감정을 느낀다는 것은 당신이 부정적인 감정을 내려놓고 좋은 감정이 자연스럽게 나타나도록 했다는 뜻이다.

• 긍정적인 감정은 삶에서 일어나는 일에 '네.'라고 대답한 결과이다. 부정적인 감정은 삶에서 일어나는 일에 '아니오!'라고 생각하거나 말한 결과이다.

• 긍정적인 감정은 조금도 노력을 기울일 필요가 없다. 우리의 본성이기 때문이다. 부정적인 감정은 이를 유지하는 데 엄청난 에너지가 필요하다.

• 어린 시절부터 우리는 무의식적으로 수많은 부정적인 감정을 억압해 왔고, 그 감정은 지금 우리의 잠재의식에 저장되어 있다.

- 부정적인 감정을 유발하는 부정적인 경험을 할 때 그 부정적인 감정을 완전히 내려놓지 않으면 결국 그 감정을 자기 안으로 밀어넣고 억압하게 된다.

- 부정적인 감정을 김을 빼듯 조금씩 분출하는 것은 답이 아니다. 이미 억압된 감정에 에너지만 더할 뿐이다. 표현된 감정 또한 억압되기 때문이다.

- 신체에 억압된 감정은 압력을 빼기 위해 출구를 찾는다. 그동안 쌓인 에너지를 분출하게 만들어줄 사람이나 상황, 사건을 찾는다.

- 다음에 부정적인 감정에 휩싸이면 내가 아닌 외부의 사람이나 상황이 그 감정을 유발한 것이 아니라 그 감정이 이미 내 안에 있기 때문에 경험한다는 사실을 기억하라.

- 부정적인 감정은 우리가 그 감정이 곧 자신이라고 믿을 때 더 강력해진다.

- 모든 부정적인 감정에 다음과 같이 질문하라. "내가 곧 감정인가, 아니면 그 감정을 알아차리는 주체인가?"

- 감정은 나타났다가 사라진다는 사실을 기억하라. 그 나타남과 사라짐을 알아차리는 것이 바로 당신이라는 알아차림이다.

- 기분이 좋아지기 위해 주변 사람이나 상황, 사건이 변하길 기대하지 말라. 어떤 순간에도 기분을 바꾸는 것은 당신 내면의 일이다.

7장

부정적인 감정
끝내기

The End of Negative Feelings

"당신의 진정한 모습을 방해하는 유일한 장애물은 당신의 생각 혹은 감정이다. 그렇게 간단하다."
— 나의 스승

행복은 자연스러운 상태이기 때문에 지금 당장 행복하지 않다면 이는 당신 안에 행복을 가로막는 부정적인 감정이 존재한다는 뜻이다. 이번 장에서는 당신을 끝없이 옭아매는 부정적인 감정을 없애는 다양한 훈련을 해볼 것이다. 감정에서 자유로워질 때 당신은 마침내 순수한 기쁨과 행복인 자연스러운 상태로 살아갈 수 있을 것이며, 지금까지와는 비교할 수 없는 멋진 삶을 살 수 있다.

"가장 먼저 해야 할 일은 그동안 알아차리지 못했던 부정적인 감정과 연결되는 것이다. 많은 사람이 알아차리지 못하는 부정적인 감정을 가지고 있다. 많은 사람이 우울하지만 우울하다는 사실을 모른다. 기쁨을 느끼고 나서야 그동안 얼마나 우울했는지 이해한다. 그러니 가장 먼저 해야 할 일은 부정적인 감정을 알아차리는 것이다. 어떤 부정적인 감정들인가? 예를 들어 우울함 같은 감정이다. 당신은 괜히 침울하고 쓸쓸하다. 자신이 싫고 죄책감이 든다. 삶은 무의미하고 이해하기 힘들다고 느낀다. 불쾌한 감정이 들고, 불안하고 긴장된다. 이런 감정들을 먼저 인지하라."

— 앤소니 드 멜로,《알아차림》

부정적인 감정의 이름을 알 필요는 없다. 그 감정을 정확히 정의하기가 힘들 수도 있기 때문이다. 당신은 그저 행복한 감정이 아니라면 그것이 부정적인 감정이라는 사실만 알면 된다. 그리고 그 부정적인 감정이 당신의 삶과 지속적인 행복의 상태를 방해한다는 것을 기억하면 된다.

부정적인 감정에 저항하거나 이를 표현하거나 어떤 방식으로든 판단하지 말고, 그저 감정일 뿐임을 인정하고 알아차려라. 그 감정을 바꾸려고 노력하지 말라. 그 감정을 없애버리고 싶다는 마음을 버릴 때, 그 감정에 저항하기를 멈출 때, 에너지가 발산되고 감정도 사라질 것이다.

"감정에 저항하기를 멈추면 감정은 존재할 수 없다."

— 루퍼트 스파이러의 강연, '당신 안에 머무세요Rest in Your Being'에서

우리는 부정적인 감정을 밀어내면 없앨 수 있다고 자만하지만 그럴수록 그 감정을 계속 경험하게 될 뿐이다. 정신분석학자 칼 융이 말했듯이, "저항하는 것은 지속될 뿐이다." 저항을 멈추면 아무리 강한 부정적인 감정이라도 신속히 몸에서 빠져나간다.

내 스승은 다른 사람과 손바닥을 마주하고 다른 사람의 손바닥을 밀면 둘 다 저항을 느낀다는 것을 보여주었다. 상대방이 손으로 미는 것을 멈추면 양손은 즉시 떨어진다. 친구나 가족과 실험해 보라. 직접 해보면 더 확실히 이해할 수 있을 것이다. 이것이 바로 부정적인 감정에 저항하기를 멈출 때 일어나는 일이다. 저항하기를 멈추면 감정은 곧바로 사라진다.

부정적인 감정에 대한 저항을 멈추려면 그 감정을 바꾸려 하지 말고 있는 그대로 존재하게 내버려둬야 한다. 그저 감정을 알아차리면 된다. 마음을 편히 먹고 긴장하지 말라. 긴장하는 것 자체가 곧 저항이기 때문이다. 역설적이게도 바꾸거나 없애려 하지 않고, 어떤 대처도 하지 않고 그저 존재하게 내버려둘 때 감정은 알아서 해소된다. 우리가 해왔던 방법과 반대로 내버려두면 감정의 에너지가 해소된다. 우리가 해온 방법은 부정적인 감정을 너무 많이 억압해 온 셈이다.

"저항은 서서히 우리를 장악한다. 저항은 우리가 삶에서 원하는 것을 갖고 원하는 일을 하고 원하는 존재가 되는 것을 막는 가장 큰 적이다."
— 헤일 도스킨,《세도나 메서드》

부정적인 감정 이면의 에너지는 감정이 그저 존재하도록 내버려둘 때 저절로 방출된다. 자연스러운 과정이다. 당신이 할 일은 그 감정을 알아차리고 이를 밀어내거나 바꾸거나 통제하거나 없애려 하지 않고 그대로 내버려두는 것이다. 감정을 온전히 허용할 때 그 감정의 에너지는 순식간에 지나가면서 동시에 엄청난 양의 억압된 감정까지 함께 가져간다. 예를 들어

분노의 감정이 생겼을 때 이에 저항하지 않고 그저 바라보면 분노는 금방 사라지면서 당신이 어린 시절에 억압했던 본래의 분노의 일부도 함께 가져간다.

"감정을 두려워하지 말라. 생겨났다가 사라지게 내버려둬라."
— 샥티 카테리나 마기

감정을 알아차리고 내버려두는 것은 더 이상 감정을 억누르거나 참지 않는 것이다. 억압되어 있는 감정을 마침내 자유롭게 해주는 것이다. 강력한 분노도 그 감정을 그저 알아차리고 저항하지 않고 그대로 존재하게 내버려두면 일 분 안에 사라질 수 있다.

"부정적인 감정을 관찰하지 않고 그 감정과 자신을 강하게 동일시할 때 그 부정적인 감정은 우리의 에너지를 급격하게 소진시킨다. 현재에 존재하면서 그 감정과 동일시하는 것을 멈추는 방법을 배우면 자기 에너지에 대한 통제력을 되찾을 수 있고 더 나아가 삶의 질을 고양시킬 수 있다."
— 데이비드 빙엄

다음 훈련은 부정적인 감정을 영원히 해소할 수 있는 내가 아는 가장 효과적인 방법이다. 당신이 평생 억눌러 쌓아온 부정적인 감정에도 효과가 있을 것이다. 그 부정적인 감정들이 사라지면 당신은 예전만큼 부정적인 감정의 영향을 받지 않을 것이고 건강이 급격히 좋아질 것이며 재정 상태와 인간관계는 물론 삶의 모든 측면이 나아질 것이다. 끝이 아니다. 부정적인 감정이 전부 사라지면 당신은 아무런 방해도 없는 무한한 알아차림의 기쁨과 행복을 누리게 될 것이다. 원하는 것은 무엇이든 수월하게 얻을 수 있을 것이다. 인간임을 '경험'하며 당신의 진정한 모습인 무한한 존재로 살아가게 될 것이다.

"놓아버릴 수 있는 것을 전부 놓아버릴 때 남는 것이 바로 우리가 무엇보다 바라던 것이다."
— 루퍼트 스파이러,《사랑의 잿더미》

환영하기

현명한 스승이자 물리학자였던 프란시스 루실은 부정적인 감정을 해소하는 방법의 하나로 '환영하기welcoming'를 제안한다. 환영하기는 내가 시도해본 방법 중 가장 효과적이었다. 환영하기는 부정적인 감정을 한 번에 완전히 뿌리 뽑는다.

(부정적인 감정을 환영하면 애초에 그 감정을 유발했던 상황이나 환경 또한 달라질 것이다. 그 상황에 대한 당신의 감정이 해소되기 때문이다.)

환영은 저항의 반대이다. 저항은 부정적인 감정에 '싫어! 난 이걸 원하지 않아!'라고 말한다. 환영은 '그래, 어서 와. 환영해.'라고 말한다. 알아차림은 언제나 모든 것을 환영한다. 아무리 강한 부정적인 감정이라도 알아차림의 환영 앞에서는 힘을 쓸 수 없다. 사실 그 어떤 부정적 감정이라도 알아차림의 환영 앞에서는 무력하다.

원하지 않는 대상을 환영하는 것이 직관에 어긋나는 것 같을 수도 있다. 하지만 원하지 않는 것을 당신에게 붙들어두는 것이 바로 저항이며, 환영은 그 저항을 멈추게 해준다! 부정적인 감정에 저항하지 않거나 그 감정 앞에서 긴장하지 않는 게 어려울 수 있다. 그러나 초점을 맞추는 대상을 넓히고 부정적 감정을 환영하면 기적처럼 저항을 멈추게 되고 단지 에너지일 뿐이던 부정적인 감정도 사라질 것이다. 당신이 저항하던 상황도 그에 따라 달라질 것이다.

꼭 기억하라. 초점을 맞추는 대상을 넓히는 것은 카메라 렌즈를 줌아웃zoom out함으로써 마음의 사소한 부분에 초점을 맞추지 않는 것이다. 감정에 초점을 맞추지 말라. 감정에 초점을 맞출수록 감정은 더 강해진다. 마음은 우리가 초점을 맞추는 대상을 더 증폭시키기 때문이다. 감정을 알아차리되 초점을 맞추지 말라. 초점을 맞추는 대상을 넓게 유지하라.

현자 헤일 도스킨은 처음에 초점을 맞추는 대상을 넓힐 때는 양팔을 옆으로 활짝 벌려보는 것이 도움이 된다고 말했다. 사랑하는 사람을 환영하며 껴안을 때처럼 두 팔을 벌려보라. 그것이 가슴을 펴는 데 도움이 될 것이다. (우리는 자기도 모르게 심장 근처를 계속 수축시키고 있는 경향이 있다.) 나는 삶에서 원하지 않는 것을 환영할 때마다 의식적으로 가슴을 활짝 편다.

나의 스승은 환영하기가 우리의 진정한 자아, 즉 알아차림으로 존재할 수 있는 방법이라고 말했다. 환영하는 것이 우리의 본성이기 때문이다. 사실 당신이라는 무한한 알아차림은 부정적인 감정이 당신의 품안에 전혀 남아 있지 않을 만큼 환영한다. 단순하게 말하면, 부정적인 것을 환영한다는 것은 부정성을 그 근원인 바로 당신, 즉 알아차림으로 용해해 사라지게 만드는 것이다! 그러므로 부정적인 감정을 환영하는 것은 이를 없애기 위해 당신의 무한한 힘에 다가가는 것이다.

현자 프란시스 루실은 환영하는 태도가 자리 잡을수록 환영이 환영으로 끝나지 않고 저항을 멈추게 해준다고 말했다. 처음에는 우리가 환영하는 행동을 하는 것 같겠지만, 더 연습할수록 환영하기가 사실 우리가 무의식적으로 하는 저항을 멈추게 해준다는 사실을 알게 될 것이다.

"감정은 단지 에너지이기 때문에 증발한다. 그러니 감정이 생기면 그것은 오직 에너지일 뿐임에 주목하고 그 감정을 환영하라. 감정은 당신이 그 감정에서 자유로워질 준비가 되었기 때문에 생겨난 것이다."
— 나의 스승

당신을 해치는 것이 당신을 축복한다

몇 년 전 나는 우울한 상태였다. 그 당시 나는 내가 지금 이 책에서 이야기하고 있는 내용을 거의 모르고 있었지만, 다행히 내가 왜 우울해졌는지는 알고 있었다. 그때 내 딸은 몹시 아팠고, 딸의 삶을 걱정하던 나는 계속해서 두려운 생각만 들었다. 나는 그 두려운 생각들을 믿었기 때문에 몇 달이 지나지 않아 우울의 늪으로 깊이 빨려들었다.

"분노와 슬픔 같은 감정은 당신이 스스로 지어낸 이야기를 믿고 있음을 알려주기 위해서만 존재한다."
— 바이런 케이티,《당신의 아름다운 세계》

나는 우울의 늪에서 빠져나오기 위해 긍정적으로 생각하고 매사에 감사하려고 노력했지만, 생각은 깊은 우울에서 거의 아무런 힘도 발휘하지 못한다는 사실만 깨달았다. 이는 절망이나 우울로 심하게 가라앉아 있을 때 우리 생각대로 되지 않도록 생각으로부터 우리를 보호하는 안전장치이다. 평소의 방법대로 상황을 뒤집을 수 없어진 나는 다른 방법을 찾아야만 했다.

나는 긍정적인 생각으로 우울에서 벗어날 수 없다면 우울에 저항하는 것을 멈추기로 마음먹었다. '저항하는 것은 지속될 뿐'이라는 사실을 알고 있었기 때문이다. 그래서 눈을 감고 내 몸에서 우울이 웅크리고 있는 것 같은 부위에 집중했다. 두 팔을 벌리고 가슴을 펼쳐 환영하듯 그 시커먼 우울을 끌어안았다. 오랫동안 만나지 못했던 연인처럼 최대한 사랑을 담아 가까이 끌어당겼다. 처음에는 우울이 더 진해지더니 갑자기 가벼워지기 시작했다. 그리고 완전히 녹아 없어졌다. 몇 초 만에 우울이 사라진 것이다. 그렇게 간단하게 말이다. 우울함이 사라진 그 느낌은 정말 최고였다.

몇 시간 후, 우울한 감정이 다시 돌아왔지만 강렬함은 그전보다 훨씬 약해
졌다. 나는 같은 과정을 반복했고 우울이 다시 나타날 때마다 이를 계속했
다. 우울은 매번 약해졌고 며칠 만에 완전히 사라졌다.

"당신에게 주어진 문제를 받아들이는 순간 문이 열릴 것이다."
— 루미

나는 내가 다시 우울로 고민할 일은 없을 것이라 확신한다. 우울은 영원히
내 몸을 떠났다.

내가 우울함에서 벗어났던 방법대로 당신도 모든 부정적인 감정에서 벗어
날 수 있다. 스스로 해보면 그 과정이 훨씬 더 잘 이해될 것이다. 최고조에
오른 부정적인 감정이 용해될 때의 기분은 말로 설명할 수 없다. 나는 우
울에 저항해 상황을 악화시키거나 나를 더 우울하게 만들지 않고 그 반대
로 했다. 그 당시에는 몰랐지만, 나는 나만의 방법으로 직감적으로 우울이
라는 부정적인 감정을 환영한 것이었다.

그 후로 나는 모든 부정적인 감정과 생각에 같은 방법을 사용했다. 발의
경련이나 두통 등 몸의 고통스러운 통증에 대해서도 마찬가지로 그 방법
을 사용했다. 그리고 신체의 감각 역시 저항하지 않을 때 부정적인 감정처
럼 빠르게 사라진다는 사실을 발견했다.

기분을 나쁘게 만드는 모든 부정적인 생각과 소식, 감정, 고통스러운 감각

이나 기억, 나를 제한하는 믿음 등에 환영하기를 사용해 보라. 환영하기는 감정적 구속에서 당신을 자유롭게 할 것이고 당신의 삶은 모든 면에서 나아질 것이다.

"증오를 사랑할 때 증오가 멈춘다. 사랑이 언제나 이긴다. 증오를 사랑한다는 것은 증오를 환영한다는 뜻이다. 증오가 시키는 일을 하라는 뜻은 아니지만, 증오를 억압해서도 안 된다. 증오를 사랑할 때 증오의 작용에서 벗어날 수 있고 사랑이 시작된다."
— 프란시스 루실,《침묵의 향기》

두려움과 같은 부정적인 감정은 매우 불편하고 때로 공포를 유발할 수도 있다. 그래서 많은 이들이 감정을 직면하기보다 자연스럽게 억압하는 데 익숙해진다. 하지만 우리는 그동안 속아왔다. 부정적인 감정의 존재를 인정할 때, 밀어내지 않고 환영할 때, 처음 몇 초 동안은 감정이 강해지면서 이에 압도당하는 것 같겠지만 곧 완전히 사라진다.

부정적인 감정을 억압하지 않고 내버려두면 그 감정은 당신 안에서 결코 그전만큼 강하게 작용하지 않을 것이다. 감정은 이미 약해졌고 점차 사라지는 중이다. 몇 번 더 내버려두면 당신의 몸에서 영영 사라질 것이다. 그리고 그 부정적인 감정 하나가 빠져나간 자리에 얼마나 큰 행복이 차오르는지, 얼마나 큰 선이 당신의 삶에 가득 차는지 느껴보라.

"가끔 감정에 항복해도 그 감정이 다시 돌아오거나 계속된다고 느낄 것이다. 이는 항복해야 할 감정이 더 있기 때문이다. 평생 그와 같은 감정을 쌓아왔기 때문에 다시 꺼내 허용해 주어야 할 에너지가 엄청나게 많다. 감정에 항복하는 즉시 더 가볍고 행복한 느낌, 심지어 그 행복에 취하는 것 같은 느낌이 들 것이다."
— 데이비드 R. 호킨스 박사,《놓아 버림》

몸에서 부정적인 감정을 내보낸 후 당신이 느끼는 안도감은 강렬할 것이다. 부정적인 감정이 빠져나갈 때마다 몸은 가벼워지고 삶은 수월해지고 행복은 확장된다. 부정적인 감정을 놓아버리면 버릴수록 가속도가 붙어 점점 쉬워진다. 결국 어떤 부정적인 감정도 즉시 사라지는 지점에 도달한다. 감정은 당신이 알아차리는 순간 곧바로 사라지기 때문이다. 이것이 바로 알아차림의 무한한 힘이다.

"감정을 놓아버리는 것은 마치 호흡과 같다. 자연스럽다. 들이쉬고 내쉬어라."
— 나의 스승

"부정적인 감정이 필요한 이유가 있다. 고통이, 돈이, 이 세상 모든 것이 필요한 이유가 있다. 바로 당신의 자아실현을 위해서이다."
— 바이런 케이티,《네 가지 질문》

모든 부정적인 감정은 당신의 진정한 모습으로 돌아가는 방법을 알려주기 위해 존재한다. 부정적인 감정은 당신이 거짓 이야기를 믿고 있음을 알려주고 그래서 당신이 그 감정을 환영해 당신의 본성인 위대한 알아차림의 상태로 살 수 있게 해준다. 피하려고 모든 방법을 다 썼던 그 부정적인 감정이 바로 우리를 자유롭게 해준다는 사실이 역설적이지 않은가?

"당신을 해치는 것이 당신을 축복한다. 어둠이 당신의 촛불이다."
— 루미

부정적인 감정을 그 감정에서 영원히 벗어날 수 있는 기회로 활용하라. 나의 스승이 말씀하셨듯이, 부정적인 감정은 당신이 그 감정에서 자유로워질 준비가 되었을 때만 생겨난다. 감정을 바꾸거나 없애려고 노력하지 말고 환영하라. 당신은 무한한 존재이며 환영하기가 당신의 본성이기 때문이다. 어떤 감정에서건 영원히 자유로워질 때까지 모든 부정적인 감정을 환영하라.

"아주 평화로운 환경에서도 고통스러울 수 있으며, 위험하고 소란스럽고 부정적인 기운이 가득한 환경에서도 온전한 평화를 느낄 수 있다."
— 잔 프레이저,《문을 열며》

그렇다면 동물 학대와 같이 확실한 의견이 있거나 강력하게 반대하는 주제에 대한 감정은 어떻게 환영할 것인가?

그 문제에 대해 당신이 느끼는 부정적인 감정은 당신이 걱정하는 대상을 전혀 돕지 못할 뿐 아니라 오직 당신에게만 해를 끼친다. 그 문제가 당신에게 일으키는 감정이나 감각을 환영하라. 당신의 반감을 환영하고 불공평하고 부당하다고 느끼는 감정을 환영하라. 그 문제에 대해 생각할 때 어떤 감각이나 감정도 떠오르지 않을 때까지 계속 환영하라.

그 문제에 대한 불편한 감정이 없어지면 그에 대한 관심도 사라지지 않을까 걱정될지 모른다. 하지만 이는 마음이 하는 이야기일 뿐 사실은 그와 정반대이다. 그 문제에 대한 당신의 강한 저항이 에너지를 만들고, 그 에너지가 그 문제에 더 많은 에너지와 힘을 더해 상황을 악화시킬 뿐이다. 그러므로 부정적인 감정을 내려놓는 것은 그 문제에 집중되어 있는 모든 에너지를 내려놓는 것이며 그 문제를 둘러싼 상황의 힘을 감소시키는 것이다. 부정적인 감정이 사라지면 그 자리에 사랑과 연민이 자연스럽게 차오를 것이며, 그 사랑과 연민은 폭발적인 힘으로 이 세상을 변화시킬 것이다.

레스터 레븐슨에 대해 이야기해 보자. 레스터는 모든 부정적인 감정과 믿음을 3개월에 걸쳐 내려놓으면서 깨달음을 얻었다. 그에 앞서 레스터는 우울증, 편두통, 소화기 불균형, 황달, 간비대증, 신장 결석, 비장 문제, 위산 과다증, 위궤양, 관상동맥성 심질환 등 건강에 심각한 문제가 있었다.

레스터는 억압된 부정적 감정을 내려놓기 시작했고, 그 과정에서 모든 질병과 고통이 하나씩 사라졌다. 레스터는 부정적인 감정을 내려놓는 자신의 방법을 '세도나 메서드Sedona Method'라 칭했고 그의 제자 중 하나이며 《시크릿》과 이 책에 모두 등장하는 헤일 도스킨의 지도 아래 레스터의 방법은 여전히 전 세계의 많은 이들에게 전파되고 있다.

"나는 내가 만들어낸 지옥을 내려놓고 되돌려놓았다. 사랑받기보다 사랑하려고 노력하면서 사랑으로 이를 중화하고, 내게 일어난 모든 일에 책임을 지고, 내 잠재의식 안의 생각을 찾아내어 이를 교정하면서 나는 점점 더 자유롭고 점점 더 행복해졌다."
— 레스터 레븐슨

"어린 시절의 고통스러웠던 기억 하나를, 삼춰두었던 지독한 후회를 꺼내보라. 그 한 가지 사건과 관련된 수십 년 동안의 모든 생각을 바라보라. 감춰져 있던 고통스러운 감정에 항복할 수 있다면, 그 모든 생각은 즉시 사라지고 그 사건도 영원히 잊을 수 있을 것이다."
— 데이비드 R. 호킨스 박사, 《놓아 버림》

아무리 오래된 기억이라도 그 기억 때문에 생긴 억압된 감정을 해소하거나 환영하면 그 기억과 연결되어 있던 수만 가지 생각이 그 감정과 함께 사라진다. 그보다 더 값진 일은 없다! 고통스러운 기억과 관련된 감정을 해소하면서 느끼는 그 가벼움과 행복, 날아갈 듯한 기분은 감히 말로 표현할 수 없으며, 당신의 삶 역시 완전히 변할 것이다. 감정이 해소되면 그 억압된 감정이 신체적 건강에도 영향을 미치고 있었음을 알게 될 것이다. 그리고 삶은 분명히 모든 면에서 나아지기 시작할 것이다. 당신은 이를 통해 그 억압된 감정이 당신의 삶 또한 방해하고 있었다는 사실을 직접 목격하게 될 것이다.

나는 평생 떨쳐버리지 못했던 어린 시절의 고통스러웠던 경험에 대해 그 훈련을 적용해 보았고, 지금은 그 경험이 무엇이었는지 기억조차 나지 않는다. 그저 그 감정이 해소되었다는 사실만 기억할 뿐이다. 내 기억이 불러낸 고통스러운 감정이 해소되자 그 기억에 관한 모든 생각까지 함께 사라져 기억 자체가 없어져버렸다!

고통스러운 기억은 어깨에 얹고 다니기 무거운 짐이다. 그 기억은 우리가 누려도 될 삶을 방해하고, 우리 자신도 아니다. 우리는 고통스러운 기억에서 해방될 수 있다.

"모든 생각 뒤에 숨은 감정을 알아차리면 그 감정은 녹아 없어질 것이다. 자동 정화 장치다. 감정을 환영해 이를 해소하는 손쉬운 방법으로 수백 가지 부정적인 생각이 사라지게 하라."
— 나의 스승

단 하나의 부정적인 감정을 해소할 때 수천은 아니라도 수백 가지의 부정적인 생각이 함께 사라진다는 사실은 고무적이다. 부정적인 감정을 해소하면 자신에 대한 의심과 가치 없음, 타인의 인정 요구, 확신 없음, 자신감 부족, 그리고 지속적인 행복과 경이로움으로 가득 찬 삶을 방해하는 다른 모든 종류의 부정적인 생각도 사라진다. 부정적인 감정이 전부 사라지면 당신의 삶은 힘차게 솟아오를 것이다.

수퍼 훈련

이제부터 나의 스승이 알려준, 내 삶을 변화시켰고 내가 여전히 매일 사용하고 있는 최고의 비법을 알려주겠다. 이 책에 실린 가장 중요하고 핵심적인 두 가지 방법을 조합한 아주 간단하지만 강력한 방법이다. 바로 환영하기와 알아차림 상태 유지하기이다. 나의 스승은 알아차림 상태에 있을 때 몸은 자연스럽게 자기 정화 장치를 작동시킨다고 말씀하셨다. 이는 곧 알아차림 상태를 유지하거나 알아차림 상태로 휴식하는 동안 부정적인 감정에 얽혀 있던 에너지가 저절로 풀려 당신 몸에서 스스로 빠져나간다는 뜻이다! 가끔 가슴 주변에서 그 에너지가 풀리는 것을 느낄 수 있을 것이다.

1단계 : 모든 부정적인 것을 환영하라

가슴을 펴고 모든 부정적인 반응, 감정, 감각, 생각과 문제가 나타나는 즉시 이를 환영하라.

2단계 : 알아차림 상태에 머물라

사소한 부분에 초점을 맞추지 않도록 카메라의 광각렌즈처럼 관심 대상을 넓게 유지하면서 알아차림 상태에 머물러라.

알아차림은 자연스럽게 모든 것을 환영하기 때문에 수퍼 훈련을 계속하다 보면 그 두 단계가 하나로 합쳐진다는 사실을 깨닫게 될 것이다. 환영하는 즉시 알아차림의 현존을 느끼게 될 것이다.

이 방법을 사용한 후로 내 부정적인 감정과 반응은 훨씬 약해지고 더 빨리 사라졌다. 심지어 부정적인 감정이나 반응이 올라오는 순간을 즐기는 수준에 이르렀다. 이를 환영하고 알아차림 상태에 머물라는 신호가 되어주기 때문이기도 하지만 그 감정이 사라질 때의 기분이 정말 좋기 때문이다.

나는 부정적인 상황이나 환경, 문제가 발생할 때 같은 방법을 사용한다. 관심 대상을 넓히고 가슴을 열고 그 상황과 관련된 부정적인 감정을 환영하고 최대한 알아차림 상태를 유지한다. (내 경험에 따르면 알아차림 상태를 유지하는 아주 중요한 방법은 알아차림을 사랑하는 것이다. 알아차림을 사랑한다는 것은 곧 알아차림에 온전히 집중한다는 것이다.) 그 방법을 사용하면 부정적인 상황은 아주 빨리 변화한다. 우리를 부정적인 상황에 붙들어놓는 것이 바로 우리의 저항이기 때문에 상황은 반드시 변할 수밖에 없다!

"그 알아차림 상태에서 모든 고통은 멈춘다."
— 잔 프레이저, 《두려움이 사라질 때》

몇 년 전, 나는 대부분의 사람이 매우 두려워하고 스트레스를 받을 만한 사건을 겪었다. 하지만 환영하기와 알아차림 상태 유지하기 덕분에 그 사건은 내가 그 방법을 알기 전만큼 내게 큰 영향을 미치지 못했다.

산불이 내가 살던 마을을 위협하고 있었다. 나는 집에서 탈출하면서도 집의 안전에 대해 평화롭고 차분한 상태였다. 무슨 일이 일어나든 상관없었기 때문에 차분할 수 있었다. 집을 버리고 나와 집을 잃는다고 해도 그것이 최선이며, 이는 삶이 나를 다른 방향으로 데려가기 위해서임을 분명히 알고 있었다. 불은 이미 몇 주째 통제할 수 없을 만큼 번지면서 주변의 모든 것을 집어삼키고 있었다. 결국 내가 사는 거리까지 번져 이웃집들을 태우기 시작했다. 하지만 나는 조금도 두렵지 않았고 어떤 결과에도 집착하지 않았다. 무슨 일이 일어나든 나는 행복할 것임을 알고 있었다. 어떤 결과에도 저항하지 않으니 우리 집은 안전했다. 나는 그 상황을 환영했고 내가 그 화재를 겪으며 느꼈던 평화와 차분함은 그때까지 훈련했던 환영하기 덕분이었다는 데 대해 한 치의 의심도 없다.

"나는 현재의 사실에 저항하거나, 과거나 미래에 사는 것이 얼마나 큰 고통을 초래하는지 깨달았다. 그전에는 내가 얼마나 큰 고통 속에 있었는지도 깨닫지 못했다. 이는 마치 50년 동안 망치로 내 정강이를 치고 있다가 손에서 망치를 놓치는 것과 같았다."

— 잔 프레이저,《문을 열며》

부정적인 감정에서 자유로워지기 위해 노력하는 매 순간은 가치가 있다. 나는 2004년, 그 비밀을 발견한 이후로 대부분의 시간 동안 좋은 기분을 느끼고 있지만, 최근에는 내가 이 책에서 나누고 있는 지식과 훈련 방법 덕분에 훨씬 고요하고 행복한 상태로 대부분의 시간을 보내고 있다.

당신에게 어떻게든 영향을 미치는 부정적인 감정을 조금도 느끼지 않는 삶을, 일 년이나 한 달은 고사하고 단 하루라도 살아볼 수 있을까? 부정적인 감정이 없다면 당신이 원하는 것을 부정하는 부정적인 생각도 없을 것이고 당신은 당신이 원하는 모든 것을 무엇이든 끌어당기는 자석이 될 것이다! 직접 경험해 보라. 그것이 바로 삶의 진정한 기쁨임을 깨닫게 될 것이다.

7장 요약
Summary

- 행복은 자연스러운 상태이다. 지금 행복하지 않다면 그 행복을 가로막는 부정적인 감정이 있다는 뜻이다.

- 부정적인 감정에 저항하거나 이를 표현하거나 어떤 방식으로든 판단하지 말고 그저 알아차려라. 감정은 그저 감정일 뿐이다.

- 부정적인 감정을 내버려두면 그 감정 이면의 에너지는 저절로 해소될 것이다. 이는 자연스러운 과정이다.

- 환영하기는 부정적인 감정을 뿌리 뽑는 훈련이다. 환영은 저항의 반대이다. 환영하기는 부정적인 감정을 향해 이렇게 말한다. "네, 저는 당신을 환영합니다."

- 처음에는 양팔을 벌리고 시야를 넓히는 것이 도움이 될 수 있다. 의식적으로 가슴을 활짝 펴는 것도 좋다.

- 기분을 나쁘게 만드는 어떤 부정적인 생각이나 이야기, 감정, 고통스러운 감각이나 기억, 제한된 믿음에도 환영하기를 사용하라.

- 부정적인 감정을 억누르지 않고 내버려두면 그 감정이 다시는 이전만큼 강하게 느껴지지 않을 것이다.

- 모든 부정적인 감정은 당신의 진정한 모습을 되찾는 데 도움이 되기 위해

존재한다. 부정적인 감정은 당신이 거짓을 믿고 있다는 사실을 알려주고 당신이 그 감정을 환영해 당신의 진정한 모습인 위대한 알아차림으로 살아갈 수 있도록 해준다.

• 부정적인 감정은 당신이 그 감정에서 자유로워질 준비가 되어 있을 때만 발생한다.

• 어떤 주제에 대해 느끼는 몹시 강한 부정적인 감정을 해소하는 것은 그것에 집중했던 모든 에너지를 해소하는 것이고 결국 그 주제를 둘러싼 상황이 무력해지는 것이다.

• 기억이 환기시킨 억압된 감정을 환영할 때 그 기억과 관련된 수만 가지 생각도 그 감정과 함께 사라진다.

• 고통스러운 기억에 붙들려 있던 감정을 해소하며 느낄 가벼움과 행복, 날아갈 듯한 기분은 말로 설명할 수 없다.

• 수퍼 훈련
1단계 : 모든 부정적인 것을 환영하라.
2단계 : 알아차림 상태에 머물라. (알아차림을 사랑하는 것이 알아차림 상태에 머무는 방법 중 하나다.)

8장

더 이상
고통은 없다

No More Suffering

"요점은 이것이다. 고통은 당신의 선택이라는 것."
— 바이런 케이티,《당신의 아름다운 세계》

당신은 고통받아서는 안 된다. 그리고 진정한 자아, 즉 알아차림으로 살아갈 때 당신은 결코 고통받지 않을 것이다. 고통 없는 삶을 상상하는 것이 어렵겠지만 당신의 삶도 분명, 지금 당장, 그렇게 될 수 있다.

"신체의 아픔도 느끼지만, 고통은 마음의 것이다."
— 앤소니 드 멜로

"당신의 상위 자아는 고통받지 않는다. 당신에게 익숙한 자아는 고통받지 않는 방법을 쉽게 이해하지 못한다."
— 잔 프레이저,《존재의 자유》

고통은 부정적인 생각을 믿기 때문에 발생한다. 그러므로 고통은 자초하는 것이다.

"내 생각을 믿을 때 나는 고통 받았지만, 내 생각을 믿지 않을 때는 고통받지 않았으며, 이것이 모든 인간에게도 마찬가지라는 사실을 깨달았다. 자유는 그만큼 단순하다."

— 바이런 케이티,《기쁨의 천 가지 이름A Thousand Names for Joy》

"당신이 받는 모든 고통은 '나는 이 고통이 싫다.'는 오직 한 가지 생각에 담겨 있습니다. 즉 그 하찮고 엉성한 생각 하나 때문에 우리가 우리의 행복을 망치고 있다는 뜻입니다."

— 루퍼트 스파이러의 강연, '고통은 오직 하나의 생각에 담겨 있다'에서

우리 마음은 '싫어, 싫어, 싫어.'라는 반응으로 삶의 온갖 상황에 대처하는 경향이 있다. 반대로 알아차림은 모든 것에 언제나 '좋아, 좋아, 좋아.'라고 반응한다.

"알아차림은 심지어 '싫어.'에도 '좋아.'라고 반응한다!"

— 나의 스승

"싫어."라고 말하는 것은 당신이 원치 않는 것을 당신에게 붙들어놓는다. 원하지 않는 것에 "좋아."라고 말하는 것은 당신의 저항을 내려놓고 당신이 원하지 않는 것이 변하도록 만든다. 직관에 어긋나는 것 같지만 실제로 그렇게 작용한다. "싫어. 난 이것을 원하지 않아."라고 말할 때 당신은 저항하고 있는 것이며 이제 당신도 이해했겠지만 저항하는 대상은 무엇이든 지속된다.

"이 받아들임 상태에 머물 때 당신은 더 이상 부정적 성향을, 고통을, 불행을 만들지 않는다. 그리고 무저항의 상태, 가벼움과 우아함의 상태로 고통에서 자유로운 삶을 살게 된다."
— 에크하르트 톨레,《지금 이 순간을 살아라》

"나는 지금 있는 현실을 사랑한다. 내가 영적인 사람이어서가 아니라, 현실과 다투면 나 자신이 괴롭기 때문이다."
— 바이런 케이티,《네 가지 질문》

"지금 바로 저항을 완전히 멈추고 다시는 저항을 시작하지 않으면, 그 한 번의 행동으로 당신은 엄청난 고통의 무게에서 해방될 수 있다."
— 잔 프레이저,《존재의 자유》

이미 일어난 일에 저항하지 않으면 갈등도 없고 그 상황의 에너지는 그저 지나간다. 우리가 저항하지 않는 것은 무엇이든 우리 삶에 머무를 수 없다. 반대로 이미 일어난 일에 저항하는 것은 그 상황을 지속시키는 것이고 우리는 계속 고통받고 만다. 위대한 스승 세일러 밥 애덤슨은 어떤 판단도 하지 말고 모든 경험이 그저 왔다 가도록 내버려두라고 말한다.

"심리적 고통의 족쇄를 만드는 것은 오직 움켜쥐고 매달리고 저항하고 밀어내는 것이다."
— 피터 로리의 강연, '구분하지 않기No Seperation'에서

"많은 사람이 고통은 피할 수 없다고 믿으며 삶을 마친다. 이 얼마나 슬픈 일인가. 그렇지 않을 수 있다는 가능성에서 등을 돌리면 당신은 죽는 날까지 불필요한 고통을 받게 될 것이다. 하지만 그럴 필요가 없다. 자유로워질 때 고통이 끝나는 것은 제일 사소한 이득일 뿐이다. 진짜 기적은 괴로움이 완전히 사라지는 것이 아니라 그 빈 공간에 차오르는 풍요로움이다."

— 잔 프레이저, 《두려움이 사라질 때》

고통은 그 즉시 멈춘다

지금 내가 하는 말을 쉽게 받아들일 수 없겠지만 이를 이해한다면 당신은 즉시 고통에서 해방될 것이다. 마음은 고통을 받는 것이 '우리'라고 생각하게 만들고, 우리가 아무 의심 없이 마음을 믿으면, 우리의 고통은 어마어마할 것이다. 하지만 그렇지 않다. 당신은 고통을 받는 대상이 아니라 그 고통을 '알아차리는' 주체이다. 고통받는 대상이라는 생각은 당신이 자신에 대해 가지고 있는 믿음일 뿐이지 당신의 진정한 모습은 아니다.

"고통의 종말은 고통받을 대상이 없다는 사실을 인지할 때 일어난다."
— 헤일 도스킨

나의 스승은 다음과 같이 질문해 보라고 권했다.

"나는 고통받고 있는 사람인가? 아니면 고통을 알아차리는 사람인가?"

우리가 고통받는 대상이라는 마음의 속삭임을 믿지 않을 수 있으면 그 순간 고통은 끝난다.

"마음의 본성을 이해하는 순간, 고통은 존재할 수 없다."
— 바이런 케이티, 《당신의 아름다운 세계》

"알아차림은 문을 열어 당신의 자연스러운 행복의 상태를 가리고 방해하는 모든 생각과 믿음과 의견을 사라지게 만든다."
— 앤소니 드 멜로

"고통의 작동 방식이 무너지고, 마음에 고요가 찾아들 때 마침내 집에 돌아온 감정을 느끼는 것도 놀랍지 않다. 집이 당신을 찾았다는 느낌일 수도 있다. 당신이 집으로 가는 길을 찾기 위해 의식적으로 노력했던 것은 아닐 수도 있기 때문이다. 혹은 집을 찾기 위해 노력했지만 애초에 잘못된 곳에서 헤매고 있었음을 이제야 깨달은 것일 수도 있다."

— 잔 프레이저,《놀라운 기쁨》

이 세상 모든 고통의 근본 원인은 오직 하나이다. 바로 우리가 개별적인 존재라는 믿음이다. 마음은 생각을 통해 우리는 인간일 뿐이며 언제 잘못될지 모르는 이 세상에서 살아가는 미약한 존재일 뿐이라고 믿게 만든다. 그 개별성에 대한 마음의 주장을 믿는다면 우리는 마음의 통제에서 벗어날 수 없다. 마음은, 우리는 약하며 나쁜 일이 일어날지도 모르고 그렇기 때문에 우리 삶에는 한계가 많다는 두려운 생각을 끊임없이 주입시킬 것이다. 안타깝게도 그 말을 믿으면 당신의 삶은 그렇게 된다. 하지만 진실은 따로 있다. 우리는 개별적인 존재가 아니다. '겉으로는' 개별적 존재로 보이겠지만, 그리고 개별적인 존재성을 '경험'하고 있지만, 지속적인 행복이 가득한 웅장한 삶을 위해서는 당신이 무한하고 영원불멸하고 의식적인 알아차림 자체이며, 우리는 모두 '하나'라는 진실을 깨달아야 한다.

문제의 끝

우리는 어떤 일이 기대했던 대로 펼쳐지지 않거나 잘못되었다고 느낄 때 문제가 생겼다고 믿는다. 문제에 대한 마음의 즉각적인 반응은 다음과 같

다. '나는 이것을 원하지 않아!' 하지만,

"문제는 오직 인간의 마음속에만 존재한다."
— 앤소니 드 멜로, 《알아차림》

"문제는 실재하지 않는다. 문제는 오직 상상의 산물이다. 문제는 없다. 그것은 불가능하다. 당신의 진정한 모습은 모든 문제에서 자유롭다. 문제는 만들어진 것일 뿐이다. 모든 문제가 그렇다."
— 나의 스승

"모든 문제는 기억에 의존한다. 지금 이 순간에는 어떤 문제도 존재하지 않는다."
— 헤일 도스킨

"인간의 마음이 없으면 문제도 없다. 모든 문제는 인간의 마음속에만 존재한다. 모든 문제는 마음이 만들어낸 것이다."
— 앤소니 드 멜로, 《깨침과 사랑 Rediscovering Life》

모든 문제는 마음의 생각이 만들어낸 또 다른 이야기일 뿐이다. 마음은 이미 일어난 일에 대해 이야기하고 이를 문제로 만들며 삶을 해석한다. 문제에서 자유로운 삶을 경험하고 싶다면 마음을 믿지 말고, 알아차림의 힘을 활용해 당신의 마음을 알아차려라.

알아차림 상태로 살게 되면 모든 문제는 상상 속 한계일 뿐이라는 점을 분명히 알 수 있을 것이다. 무한한 알아차림인 바로 당신이 어떻게 하나의 문제라도 가질 수 있단 말인가?

"이는 마치 불 속에 손을 넣고, '앗, 뜨거워! 손이 타고 있잖아! 큰일이야. 문제가 생겼어!'라고 말하는 것이나 마찬가지다. 그리고 계속 손을 다시 불 속에 집어넣는 것이다. 어느 날 자신의 행동을 깨닫고 이를 멈추기 전까지 말이다. 당신에게 문제가 있다면, 문제에 손을 넣고 '아프잖아!'라고 외치면서 마치 손을 집어넣지 않은 척하는 것과 마찬가지다. 자신이 하지 않은 행동인 척하지만, 사실 자신이 한 일이다."
— 레스터 레븐슨,《세도나 마음혁명》

"모든 문제는 에고에서 온다. 어떤 문제에도 타당성을 부여하지 않으면 당신은 자유롭다."
— 나의 스승

어려운 점은 문제가 있다고 '믿을' 때 반드시 문제를 '경험'하게 된다는 것이다. 하지만 부정적인 이야기를 하는 것이 마음과 마음의 생각일 뿐임을 알아차릴 수 있다면, 생길 수 있는 모든 문제가 해결되고 사라질 것이다. 당신의 믿음이 더는 그 문제를 당신에게, 혹은 세상에 붙들어두지 않기 때문이다.

"누구나 '문제가 생겼어.'라고 말하는 마음속에 문제를 가지고 있는 것이다. 문제가 있는 곳은 오직 마음속뿐이다. 오직 마음속에서만 무엇이든 보거나 이해할 수 있기 때문이다. 무엇을 보고 듣고 느끼든 그것은 당신의 마음속에 있고 마음을 통해서만 가능하다. 모든 것은 마음속에 있다."
— 레스터 레븐슨,《세도나 마음혁명》

"이것은 아주 중요한 이야기이다. 어디에도, 언제라도 문제는 없다. 사랑의 결핍만 있을 뿐이다."
— 나의 스승

무엇에도 저항하지 않고 모든 것을 있는 그대로 받아들이는 것, 그것이 바로 사랑이다. 사랑이 존재하는 곳에는 문제가 존재할 수 없다. 당신이 곧 순수한 사랑이기 때문에 어떤 문제도 당신의 진정한 모습은 건드릴 수 없다. 너무 순수해서 마음이 이해하지 못하는 사랑이다. 그 사랑은 모든 것을 온전히 환영하고 수용하고 허용하며 아무것에도 집착하지 않는다. 부처, 예수, 노자, 크리슈나 등 커다란 깨달음을 얻은 현자들이 보여준 바로 그런 사랑이다. 당신의 진정한 모습이기도 한 이 순수한 사랑에는 그 어떤 문제도 존재하지 않는다.

하지만 한계가 많은 인간이 보기에는 모든 문제가 실제로 존재하는 것처럼 여겨진다. 우리 마음은 무한한 알아차림과 정반대로 반응하며, 받아들이고 허용하기보다 저항하고 부정한다.

"삶은 자연스럽고 즉흥적인 변화의 연속이다. 그 변화에 저항하지 말라. 이는 슬픔만 만들 뿐이다. 현실은 그저 현실이게 내버려둬라. 모든 것이 원하는 방향으로 자연스럽게 흘러갈 수 있도록 내버려둬라."

— 노자

"무엇에든 우리가 원하는 방향으로 이끌어가려는 감정적인 투자를 하지 않을 때, 그것은 자유롭게 움직이며 스스로 해결될 것이다."

— 칼랴니 로리

《시크릿》의 원칙들을 사용하기 시작하면서 나는 내가 행복할 때 내 삶에 거의 문제가 없다는 사실을 깨달았다. 행복이 있는 곳에는 문제가 생기지 않거나 너무 사소해 내 행복을 방해할 수 없기 때문이다. 절망에 빠졌을 때는 아주 사소한 문제조차 산처럼 거대해 보였지만 행복할 때는 모든 문제가 그저 개미탑으로 보였다. 그러니 자신의 진정한 모습을 아는 궁극적인 행복의 상태에서는 어떤 문제도 존재하지 않는 것이 당연하지 않은가?

"이 세상의 문제는 끝이 없다. 끝을 찾고 싶다면 영원히 문제를 해결해야 할 것이고, 그래도 문제는 끝없이 생겨날 것이다. 문제를 의식하는 한 문제는 존재한다. 자신의 진정한 모습을 발견할 때에만 문제의 끝 또한 발견할 수 있다."

— 레스터 레븐슨,《세도나 마음혁명》

모든 문제에서 영원히 벗어나는 법

"당신은 무엇으로부터든지 자유로워질 수 있다. 바꾸고 고치고 이해하려고 노력하면서 문제에 관심을 기울이고 싶은가? 아니면 문제에서 자유로워지고 싶은가?"
— 나의 스승

내가 심각하다고 생각했던 문제를 말씀드리자 나의 스승은 이렇게 말씀하셨다. 이보다 더 확실한 대답은 없을 것이다.

"문제에 초점을 맞추지 말라. 문제가 커지거나 작아지기를, 없어지기를 바라지 말라. 문제를 바꾸고 이해하고 통제하려고 하지 말라. 알아차림 상태로 존재하면 문제는 저절로 사라진다. 사랑 앞에서 사랑이 아닌 모든 것은 무너진다. 알아차림 앞에서 실제가 아닌 모든 것은 무너진다."
— 나의 스승

《시크릿》에서 설명했듯이 대상에 초점을 맞추는 것은 에너지를 제공하는 것이기 때문에, 문제에 초점을 맞추면 문제는 그 에너지를 받아 더 증폭될 뿐이다. 문제를 해결하려 하고, 통제하거나 뿌리 뽑으려고 하는 것은 그 문제에 초점을 맞추는 일이다. 문제에서 관심을 거둘 때 에너지도 함께 없어져 문제가 사라진다. 그렇게 될 수밖에 없다. 이는 불에서 산소를 없애는 것과 마찬가지다. 불은 저절로 꺼질 것이다.

"문제를 해결하려고 노력하는 것은 문제에 매달리는 것이다. 우리가 없애려고 하는 것은 무엇이든 마음에 붙잡혀 있기 때문에 문제는 계속된다. 그러니 문제를 바로잡는 유일한 방법은 내려놓는 것이다. 문제를 보지 말라. 오직 당신이 원하는 것만 보라."

— 레스터 레븐슨, 월파워 오디오

그리고 어떤 문제에서든 그에 기울였던 관심을 거두는 순간, 당신이 원하는 것에 마음과 생각을 집중함으로써 이를 창조하는 데 마음을 사용할 수 있다.

"에너지는 주의를 따라 흐른다."

— 마이클 버나드 백위스, 《시크릿》에서 인용

우리는 우리가 원하지 않는 것에 관심을 기울이며 그것이 바뀌길 기대하지만, 사실은 그 반대여야 한다. 문제가 없어지길 바란다면 관심을 거둬야 한다. 문제는 반갑지 않은 손님과 같다고 누군가 말했다. 관심을 주지 않으면 결국 돌아간 것이다!

알아차림의 힘을 사용해 마음의 부정적인 생각과 이야기를 알아차려라. 그렇게 부정적인 생각을 해소하면 모든 문제와 고통에서 자유로워질 것이다. 당신의 진정한 모습인 알아차림 상태로 머무는 것은 당신이 누려야 할 기쁨과 축복의 또 다른 모습이다.

"이는 부드럽게 펼쳐지는 기적이다. 인내하라. 당신은 지금껏 삶이 당신을 좌우한다고 믿으며 반대로 해왔다. 모든 것이 한꺼번에 스스로 뒤집히길 기대하지 말라."

― 잔 프레이저,《존재의 자유》

8장 요약
Summary

- 당신은 고통받을 운명이 아니다. 당신의 진정한 자아인 알아차림 상태로 살아갈 때 당신은 결코 고통받지 않을 것이다.

- 고통은 부정적인 생각에 대한 믿음에서 나온다. 그러므로 고통은 당신이 자초한 것이다.

- 이미 일어난 일에 저항하는 것은 그 상황을 우리에게 붙들어놓는 것이며 우리는 계속 고통받을 것이다.

- 다음과 같이 자문하라. "나는 고통받는 대상인가, 아니면 고통을 알아차리는 주체인가?" 당신은 고통받는 대상이 아니라 고통을 알아차리는 주체이다.

- 이 세상 모든 고통의 원인이 되는 한 가지 특별한 믿음이 있다. 그것은 바로 우리가 개별적인 존재라는 믿음이다.

- 문제는 오직 인간의 마음에만 존재한다. 문제는 실제가 아니다. 문제는 오직 상상의 산물이다.

- 문제에서 자유로운 삶을 경험하고 싶다면 마음을 믿지 말고 알아차림의 힘을 사용해 마음을 알아차려라.

- 문제에 관심을 기울이는 것은 문제에 에너지를 제공하는 것이다. 그렇게

하면 문제는 더 커진다. 문제에서 관심을 거두면 모든 에너지가 제거되고 문제도 사라진다.

- 일단 어떤 문제에서든 관심을 거두면 자신이 원하는 것을 창조하는 데 마음을 사용할 수 있다. 원하는 것에 마음과 생각을 집중시킬 수 있기 때문이다.

- 알아차림의 힘을 사용해 마음의 부정적인 생각과 믿음을 알아차리고 이를 해소하면, 모든 문제와 고통에서 자유로워질 것이다.

9장

한계를 정하는 믿음 해체하기

Dissolving Limiting Beliefs

"모든 믿음은 상상으로 만들어진 한계이다."
— 나의 스승

믿음이란 무엇인가? 믿음은 우리가 믿게 될 때까지 거듭하는 생각이다. 모든 믿음은 마음에서 만들어지기 때문에 한계가 있다. 무언가 '너무 좋아서 사실일 수 없다.'는 믿음을 예로 들어보자. 우리는 먼저 다른 사람의 말을 듣고 스스로 생각해 본 다음 곧 그것이 사실이라고 믿으며 세상에서 그에 대한 증거를 보기 시작한다. 그것이 사실이라고 믿는 순간 이는 우리의 잠재의식에 저장된다. 그리고 그때부터 그 믿음은 잠재의식 안에서 자동화된 프로그램으로 작동하며 세상에 자신을 투영하고 그것이 진실이라고 우리 삶에서 계속 보여준다.

"생각은 우리가 믿기 전까지는 해롭지 않다."
— 바이런 케이티

"중요한 것은 에고가 하는 말이 아니라, 그 말을 얼마나 믿느냐이다."
— 무지

믿음은 또한 그 믿음을 토대로 하는 다른 생각을 불러일으키고 그 생각은 녹음된 것처럼 계속 재생된다. '이건 너무 좋아서 사실일 리가 없다.'라고 믿으면 잠재의식은 다음과 같은 생각을 하게 된다. '이렇게 행복하면 꼭 나쁜 일이 일어나더라.' '최대한 누려. 이렇게 좋은 일이 계속될 리 없어.' '좋은 일 뒤엔 꼭 나쁜 일이 생기지.' '이렇게 좋은 일은 나한테 안 어울리는 것 같아서 불안해.' '믿기지 않을 정도로 좋은 일이라면 분명 사실이 아닐 거야.' 어쩌면 당신도 이런 생각이 익숙할 것이다. 이는 그저 녹음된 소리가 재생되듯 마음에서 흘러나오는 생각일 뿐이며, 당신만 그런 것이 아니다.

나의 스승은 물었다. 전화를 받았는데 반대편에서 다음과 같은 녹음 메시지가 들려온다면 그 말을 믿겠는가? "이는 녹음된 메시지입니다. 당신의 모든 돈을 이 계좌번호로 지금 당장 이체하세요. 안전하게 보관하겠습니다." 당신이라면 그 말을 따르겠는가? 그 녹음된 소리를 믿겠는가? 당연히 믿지 않을 것이다. 하지만 왜 마음이 재생하는 녹음된 소리를 믿는다는 말인가?

당신의 믿음이 당신의 경험을 만든다

"우리는 우리의 생각과 믿음을 투영하고 그 생각과 믿음은 경험으로 우리에게 되돌아온다."
— 데이비드 빙엄

당신은 당신이 믿는 모든 것을 경험하게 된다. 그러므로 당신이 무엇을 믿는지가 매우 중요하다. 믿음은 폭발적이라고 할 정도의 힘을 가지고 있다. 믿음은 끊임없이 당신의 삶에 투영되어 결국 사실이 되기 때문이다. 믿음이 거짓인지는 중요하지 않다. 잠재의식에 믿음을 심으면 믿음은 결국 열매를 맺는다.

예를 들어보자. 돈을 더 벌 수 있는 유일한 방법은 더 오래 더 열심히 일하는 것밖에 없다고 믿으면, 기대하지 못했던 곳에서 뜻밖의 소득을 얻을 일은 결코 없을 것이다. 당신의 믿음이 다른 소득원에서 돈이 나오는 것을

막고 있다. 바로 우리가 믿음으로 자신을 제한하는 방법이다. 어떤 사람이
나 환경, 상황에 대한 특정한 믿음을 가지고 있으면 반드시 이를 경험하게
된다. 생각은 당신의 믿음이라는 이면의 에너지 없이 단독으로는 어떤 힘
도 가지지 못한다.

"불행의 원인은 오직 하나다. 당신 머릿속의 잘못된 믿음이다. 너무 만연하
고 너무 평범해서 결코 의심해 볼 생각조차 들지 않는 그런 믿음이다."
— 앤소니 드 멜로, 《사랑으로 가는 길 The Way to Love》

"불행은 오직 삶의 본질에 대한 잘못된 믿음 때문에 생긴다."
— 피터 드지우반, 《단순하게 알아차리기》

우리는 믿음이 스트레스와 고통을 유발하고 우리를 절망에 가둔다고 해도
그 믿음에 집착할 수 있다. 믿음은 우리를 가난하고 아프고 두려움에 가득
차게 만들 수도 있고, 우리의 관계를 망치거나 파괴할 수도 있다. 믿음은
결코 소중하게 붙들어야 할 것이 아니다.

지금 당신의 삶이 어떻게 펼쳐지고 있든 이는 잠재의식 안에 있는 당신의
믿음 체계가 만든 것이다.

"우리가 지금 붙들고 있는 믿음을 바꾸면 우리가 겪는 현재의 경험을 수정
할 수 있다."
— 데이비드 빙엄

"자신과 세상에 대한 우리의 생각과 믿음이 너무 깊게 각인되어 있어 우리는 그것이 믿음인지 알아차리지도 못하고 그 믿음을 아무 의심 없이 절대적 진실로 여긴다."
— 루퍼트 스파이러,《사물의 투명성 The Transparency of Things》

데이비드 R. 호킨스 박사로부터 :

"우리의 흔한 믿음을 들여다보고 처음부터 그 믿음을 내려놓는 것이 도움이 된다. 예를 들면 다음과 같은 믿음들이다.

1. 우리는 열심히 일하고 고생하고 희생하고 노력해야만 무엇이든 얻을 수 있다.
2. 고통은 우리에게 좋고 도움이 된다.
3. 우리는 아무것도 공짜로 얻지 못한다.
4. 매우 단순한 것들은 별로 가치가 없다."
— 데이비드 R. 호킨스 박사,《놓아 버림》

위대한 현자들은 우리에게 무엇이든 의심하라고 강력히 권한다. 의심함으로써 우리는 자신과 이 세상에 대한 진실을 덮고 있는 우리의 한계 많은 믿음을 발견할 수 있다.

"당신이 믿는 것은 전부 거짓이며, 이것을 아는 것이 곧 자유이다."
— 바이런 케이티

우리는 어렸을 때 어른들이 우리에게 전해 준 믿음들을 이해하기 시작한 이후 잠재의식에 그 믿음들을 쌓아왔다. 믿음은 우리가 읽은 것이나 텔레비전에서 보고 들은 것, 다른 사람이 한 말 등을 진실이라고 받아들일 때 만들어진다. 어쨌든 우리의 모든 믿음은 부모, 가족, 친구, 교사, 그리고 사회라는 타인으로부터 온 것이다. 다른 사람이 우리에게 하는 말을 믿는 순간, 빙고! 그 믿음은 우리의 잠재의식으로 들어가 우리 삶에 작용하기 시작한다!

예를 들어보자. 누군가 '나는 다이어트 후에 체중을 유지하지 못해.'라고 믿는다면 그 믿음은 그 사람이 무슨 일을 하든 감량한 체중을 유지하는 것을 방해할 것이다.

시간이 흐르면서 그 믿음은 잠재의식 안에서 점차 견고해진다. 우리가 그 믿음에 생각을 점점 더하기 때문이다. '다이어트가 힘든 이유는 분명 내 신진대사 때문일 거야.' '아무리 다이어트를 해도 유지를 못 하겠어.' '빼는 건 오래 걸리고 찌는 건 정말 금방이야.' '뚱뚱한 게 유전인가 봐.'

"잠재의식이 우리를 움직인다. 우리를 습관의 제물로 만든다."
— 레스터 레븐슨,《세도나 마음혁명》

좋은 소식은, 믿음이란 단지 엉성한 생각으로 이루어져 있기 때문에 일단 이를 알아차리면 쉽게 뿌리 뽑을 수 있다는 것이다. 믿음이 잠재의식 안에 남아있는 한 이는 자동적으로 당신 삶에 계속 영향을 끼칠 것이다. 하지만 어떤 믿음이든 제대로 알아차리는 순간, 그 믿음은 해체된다. 부정적인 감정을 해소할 때와 마찬가지로 잠재의식 안의 믿음을 인식하면 알아차림 상태를 지속할 수 있다. 사실 둘 중 하나를 없애면 다른 하나도 동시에 없어진다. 나는 두 갈래 접근법으로 부정적인 감정과 믿음이 나타날 때마다 두 가지를 동시에 내려놓는다.

한계를 지어버리는 수많은 믿음을 버리면 당신은 머지않아 영원한 행복과 완전한 자유를 얻을 수 있다. 그 과정을 통해 이 지구에서의 당신의 삶은 드라마틱하게 개선될 것이다. 더 이상 믿음으로 삶에 대한 한계를 짓지 않기 때문이다. 당신이 되지 못하고, 하지 못하고, 갖지 못할 것이 있다는 생각이 바로 한계를 지어버리는 믿음이다. 어떤 한계도 없는 당신의 삶을 상상해 보라!

믿음을 해체하기

믿음은 알아차림으로 해체한다. 의식적으로 그 믿음을 알아차리는 것이 시작이다. 대부분의 믿음은 사실이 아니라고 알아차리는 순간 바로 무너지고 해체된다. 만약 그 믿음이 계속 당신의 생각과 마음에 계속 떠오른다면 그것이 단지 믿음일 뿐이라는 걸 상기하라. 그렇게 스스로에게 상기시켜주면 나머지 믿음도 완전히 사라질 것이다. 이것이 바로 알아차림의 무한한 힘이다.

자신이 무엇을 믿고 있는지 알아내는 것은 쉽지 않을 수 있다. 그것이 단순한 믿음이 아니라 진실이라고 믿고 있을 가능성이 크기 때문이다! 하지만 일단 알아차리면 믿음은 해체되기 시작하고 남은 믿음 역시 지속적인 알아차림을 통해 점차 무너질 것이다.

그리고 그 믿음이 완전히 사라져 자신이 무엇을 믿었는지 기억조차 나지 않는 지점에 도달할 수도 있다. 믿음과 기억은 둘 다 생각으로 이루어져 있고 잠재의식에 저장되어 있으며, 그렇기 때문에 믿음이 사라지면 그 믿음과 연결된 모든 생각은 물론 그와 관련된 기억을 구성하는 생각 역시 함께 사라진다.

"당신이 믿는 모든 것을 내려놓아라. 머지않아 그렇게 될 것이다. 세상을 떠날 때 믿음 체계를 가지고 떠날 수는 없다. 그렇다면 지금 내려놓지 못할 이유도 없지 않은가? 시시각각 당신의 믿음을 내려놓아라. 어떤 믿음 체계에도 붙잡혀 있지 않은 삶의 기쁨을 발견하라. '행복하려면 노력해야 한다.'거나 '행복해지기 위해서는 고통이 필요하다.'와 같은 믿음에 대한 집착은 너무나 깊다."
— 프란시스 루실,《침묵의 향기》

당신이 알아차리고 해체하는 모든 믿음은 당신이 결코 상상하지 못했던 자유, 풍요로움, 가벼움, 그리고 기쁨의 정점으로 당신의 삶을 끌어올릴 것이다. 그 믿음들을 하나씩 없애고 자유로워져라! 알아차림은 모든 것을 '알고' 있기 때문에 어떤 믿음도 가지고 있지 않다.

"사실 믿음 체계는 아무것도 아니다. 내려놓기 쉽다. 그저 종이 호랑이일 뿐이다! 지금 당장 내려놓고 영원히 행복하게 사는 편이 낫다."
— 프란시스 루실,《침묵의 향기》

당신은 믿음을 더 잘 알아차릴 수 있도록 잠재의식에 이를 강조하라고 지시할 수 있다. 잠재의식에 다음과 같은 지시를 내려라. "나의 믿음을 하나씩 분명하게 보여줘. 내가 전부 알아차릴 수 있도록." 그리고 그 믿음이 나타나는 순간들을 예리하게 감지하라.

'나는 믿어.' 혹은 '나는 믿지 않아.'라는 생각이 드는 순간을 감지하라. 그다음에 나오는 말이 곧 믿음이다. '나는 그렇게 생각해.' 혹은 '나는 그렇게 생각하지 않아.'라고 생각하는 순간도 감지하라. 그다음에 나오는 말 역시 믿음을 드러내주는 것이다.

믿음은 그저 당신이 받아들인 마음의 이야기라는 사실을 알게 되면 믿음이 저절로 사라질 뿐만 아니라 그 믿음에 달라붙어 잠재의식에 가라앉아 있던 수만 가지 생각도 함께 사라질 것이다. 믿음은 생각으로 이루어져 있고 우리가 그 믿음을 유지하는 한 이를 뒷받침하는 새로운 생각을 끊임없이 끌어당겨 잠재의식에 쌓아간다.

믿음은 수년, 수십 년, 혹은 평생 동안 유지될 수 있으며, 하나의 믿음에 수만 가지 생각이 달라붙어 있기 때문에 우리 삶이 짐을 진 듯 무겁게 느껴질 수밖에 없다. 우리는 믿음이 삶을 더 무겁게 만들고 우리가 더 나이 든 것처럼 느끼게 만들고 우리에게 당연히 주어져야 할 삶을 살지 못하게 한다는 사실을 모르고 있다. 자신이 다른 사람과 분리된 개별적 존재라는 믿음에 얼마나 많은 생각이 달라붙어 있는지 생각해 보라. 그리고 이제 그렇게 큰 믿음이 해체될 때 당신이 느낄 엄청난 안도감과 가벼움, 광활함을 상상해 보라. 직접 경험해 보면 당신도 그 느낌을 알게 될 것이다!

"나무처럼 죽은 잎들을 떨어뜨려라."
— 루미

반응 : 가면을 쓴 믿음

"반응은 무의식적 믿음이다."
— 피터 드지우반, 《단순하게 알아차리기》 오디오북

믿음을 찾아내는 또 다른 방법은 자신의 반응을 살펴보는 것이다. 모든 반응은 우리 안의 숨겨진 믿음이 유발한 것이다. 모든 반응은 가면을 쓴 믿음이다. 예를 들어보자. 전기요금이 예상보다 훨씬 많이 나왔다. 이에 부정적으로 반응한다. 그 반응의 원인은 돈이 부족하다는 믿음이지만, 다른 모든 믿음처럼 그 믿음은 우리가 믿기 때문에 현실이 된다.

자신의 반응을 살필 때 해야 할 일은 그저 알아차리는 것이다. 반응을 알아차리는 것은 그 힘을 없애는 것이다. 알아차림이 곧 모든 부정성과 부조화를 없애는 힘이기 때문이다.

"반응은 곧 동일시하는 것이다. 반응한다는 것은 대상을 개인적으로 받아들인다는 뜻이다. 그러지 말고 그저 그 반응을 지켜보라."
— 나의 스승

반응하는 것은 당신이 아니라 당신의 마음이라는 사실을 잊지 말라. 대상과 동일시하고 대상을 개인적으로 받아들이는 것은 당신의 마음이다. 개인의 관점으로 보는 것이기 때문이다. 그 순간의 반응에 주목해 이를 알아차릴 때 당신은 반응할 마음의 힘을 없애는 동시에 그 반응 아래 숨겨진 믿음 또한 발견할 수 있으며, 그렇게 드러난 믿음은 곧 해체될 것이다.

"벗어나고 싶은 행동이나 성향, 습관이 있다면 당신이 이미 자연스럽게 이를 알아차리고 있음을 기억하라. 이를 이해한다면, 거리를 두고 이를 관찰할 수 있다면, 당신은 즉시 그 손아귀에서 빠져나와 더 이상의 동일시하지 않고 자유로워질 것이다. 이는 무척 중대한 발견이다."
— 무지

알아차림은 진실이 아닌 모든 것을 해체한다. 믿음이 하나씩 없어지면 신체의 변화도 느껴질 것이다. 몸이 더 가벼워지고 정신 건강의 차이도 느낄 것이다. 더 행복해질 것이다. 삶의 변화를 느낄 것이다. 당신의 삶은 진정으로 수월해지고 기적 같아질 것이다. 당신이 원하고 필요로 하는 모든 것이 당신의 손에 쥐어질 것이다.

레스터 레븐슨에 관한 멋진 이야기를 하나 더 들려주겠다. 레스터는 3개월 만에 깨달음을 얻었고 동시에 신체의 온갖 질병에서 해방되었다는 걸 기억할 것이다. 그 전에 레스터는 겨우 마흔 살에 심장에 심각한 질병이 생겨 의사에게 사망 선고를 들었다. 의사는 레스터가 언제 죽어도 이상할 것 없으며 의사가 해줄 수 있는 것도 없다고 말했다. 집으로 돌아온 레스터는 처음 며칠 동안 죽음의 두려움에 휩싸여 있었다. 그러다가 곧 죽을 운명이라면 적어도 자신의 삶을 돌이켜보며 왜 그토록 행복하지 않았는지 생각해 보기로 했다. 바로 그것이 레스터가 자기 안의 모든 믿음과 신체에 억압되어 있던 부정적 감정을 없앤 3개월간의 여정의 시작이었다. 몸에서 모든 부정성이 빠져나가자 심장의 상태도 저절로 좋아졌고, 레스터는 완벽하게 건강한 상태로 지속적인 기쁨을 누리며 40년을 더 살았다. 그보다 더 중요한 것은 모든 믿음과 억압된 감정을 제거함으로써 레스터가 자신의 진정한 모습을 찾았다는 것이다.

이제 당신도 그 방법을 알고 있다.

9장 요약
Summary

- 믿음은 믿게 될 때까지 계속하는 생각일 뿐이다. 모든 믿음은 마음에서 왔기 때문에 한계가 있다.

- 믿음은 우리의 잠재의식에 저장되어 자동으로 작동하는 프로그램과 같다.

- 믿음은 당신의 삶에 스며들어 스스로 진실이 된다.

- 현재 당신의 삶에 펼쳐지는 모든 상황은 당신의 믿음 체계에 의해 만들어진 것이다.

- '나는 믿어.' 혹은 '나는 믿지 않아.'라는 말을 조심하라. 그다음에 나오는 말이 곧 믿음이다.

- '나는 생각해.' 혹은 '나는 생각하지 않아.'라는 말도 조심하라. 그다음에 나오는 말 역시 믿음을 드러낼 가능성이 높다.

- 모든 것에 의문을 가져라. 질문을 통해 진실을 가리고 있는, 한계를 규정하는 믿음을 발견할 수 있다.

- 잠재의식에 저장되어 있는 믿음은 끊임없이 우리 삶에 자동으로 영향을 미친다. 하지만 당신이 가지고 있는 믿음을 알아차리는 순간 그 믿음은 해체된다.

- 당신이 알아차림으로써 해체되는 모든 믿음은 자유와 풍요로움, 가벼움과 기쁨의 정점으로 당신의 삶을 끌어올릴 것이다.

- 믿음을 더 잘 알아차릴 수 있도록 잠재의식에 믿음을 드러내라고 다음과 같이 주문하라. "나의 믿음을 하나씩 분명하게 보여줘. 내가 전부 알아차릴 수 있도록."

- 믿음이 해체되면 그 믿음에 달라붙어 잠재의식에 가라앉아 있던 수만 가지 생각도 함께 사라진다.

- 우리는 삶을 더 무겁게 만들고 우리가 더 나이 든 것처럼 느끼게 만들고 우리가 누려야 할 삶을 방해하는 것이 우리의 믿음이라는 사실을 모르고 있다.

- 믿음을 찾아내기 위해서는 당신의 반응에 주목하라. 반응은 가면을 쓴 믿음이다.

- 자신의 반응을 살피기 위해서는 반응을 알아차리기만 하면 된다. 반응을 알아차리는 것이다.

10장

영원한 행복

Everlasting Happiness

"나는 변함없이 행복한 현재에 살고 있다. 금방 지겨워져 조만간 약간의 어려움 정도는 환영하게 되는 그런 시시한 행복이 아니다. 내가 조우한 기쁨은 그보다 10억 배는 더 강렬한, 늘 달라지고 늘 새로운 기쁨이다. 그 의식 속에서 당신은 세상의 모든 행복이 당신을 통과해 지나감을 느낀다."
— 파라마한사 요가난다

당신이 곧 행복이다. 그것이 당신의 본성이다! 행복은 원하는 것을 얻거나, 기분이 좋거나, 힘든 일을 이겨냈거나, 특정한 목표를 달성했을 때 느끼는 것이 아니다. 행복은, 결코 마르지 않는 행복의 샘은 바로 지금 여기, 당신 안에 있다!

"인간은 순수한 행복의 창고를 열기 위해 진정한 자아를 깨달아야 한다."
— 라마나 마하르쉬,《있는 그대로Be as You Are》

"세속적인 삶에서 순수한 평화와 행복을 기대하지 말라. 당신이 취해야 할 새로운 태도는 다음과 같다. 무엇을 경험하든 영화를 보듯 객관적으로 즐겨라. 진정한 평화와 행복은 내면에서 찾아야 한다."
— 파라마한사 요가난다,《인간의 영원한 탐구》

"행복은 우리의 자연스러운 상태이다. 행복은 아이들의 자연스러운 상태이다. 사회와 문화에 의해 오염되고 더럽혀지기 전까지 왕국은 그런 아이들의 것이다. 행복을 얻기 위해 당신은 아무것도 할 필요가 없다. 행복은 얻을 수 있는 것이 아니기 때문이다. 그 이유가 무엇일까? 우리가 이미 행복을 가지고 있기 때문이다. 이미 가지고 있는 것을 어떻게 또 얻는다는 말인가? 그렇다면 왜 행복을 경험하지 못하는가? 환상을 깨야 한다. 행복해지기 위해 그 무엇도 더할 필요 없다. 무엇인가 내려놓아야 한다. 삶은 쉽다. 삶은 즐겁다. 당신의 환상 속에서만 힘들 뿐이다."
— 앤소니 드 멜로,《알아차림》

현재 나는 늘 나와 함께 하는 잔잔한 행복 속에서 살고 있으며 그 행복은 부정적인 감정을 환영하고 알아차림의 상태로 머무르는 것에서 온다. 하지만 그 전에 한번도 느껴보지 못했던 더없는 행복이 몇 차례 나를 휩쓸었는데 그 행복은 어디에선가 갑자기 나타난 것 같았다. 말하자면 특별한 이유가 없었다는 뜻이다. 그 행복을 느꼈을 때 모든 부정성이 완전히 사라졌다. 고통스러웠던 기억이 마치 아무 일도 없었던 것처럼 순식간에 사라졌다. 행복이 우리의 본성이므로 나는 그 더없는 행복을 즉시 알아차릴 수 있었다. 그 행복은 원하는 것을 얻을 때 느끼는 행복과는 비교할 수 없었다. 내가 느꼈던 모든 행복을 완전히 넘어서는 다른 차원의 행복이었다.

나는 이 이야기를 통해 당신도 그 행복을 경험할 수 있다는 가능성에 대해 마음을 열기를 바란다. 일단 행복이라는 자연스러운 상태를 느끼면 그때 부터 당신은 그 상태로 살아가고 싶다는 생각만 들 것이다.

"나는 단 한 순간도 사라지지 않는 기쁨을 내 안에서 찾았다. 그 기쁨은 모 두의 안에 있다. 언제나."
— 바이런 케이티, 《기쁨의 천 가지 이름》

이 행복은 사랑에 빠지는 기분과 비슷하다. 파트너에 대한 사랑일 수도 있 고 아기를 향한 엄마의 사랑일 수도 있다. 완전히, 꼼짝없이 사랑에 빠져버 리는 그 축복 같은 기분을 당신도 알 것이다. 당신은 그 느낌이 영원히 끝 나지 않길 바랄 것이다. 우리가 사랑에 빠질 때 그와 같은 행복을 느끼는 이유는 바로 우리가 다른 사람 앞에서 자신의 에고를 내려놓기 때문이다. 에고의 마음을 내려놓을 때 알아차림이 즉시 전면에 나서 눈부신 기쁨과 더없는 행복을 느끼게 된다.

"모든 사람이 모든 행동에서 정확히 같은 것을 구한다. 세상은 이를 궁극 의 행복이라고 부른다. 우리는 그것을 '진정한 나'라고 부른다. 자신을 발 견하면 최상의 행복을 발견할 것이고 최상의 만족을 얻을 것이다."
— 레스터 레븐슨

"간단히 말하자면 행복은 진정한 자아로 존재함이다. 당신이 대부분의 시 간 동안 당신이라고 착각하고 있는 한계 많은 자아가 아니라, 언제나 당신 자체였고 또 자체인 무한한 자아이다. 이것이 바로 당신이 무엇을 경험하든, 그 이전과 그 순간, 그 이후에 자연스럽게 존재했던 진정한 자아이다. 당신은 다른 모든 것이 존재할 수 있게 해주는, 빛나지만 변하지 않는 배경이다."

— 헤일 도스킨,《세도나 마음혁명》

"진실이나 행복을 찾기 위해서는 내면으로 들어가야 한다. 오직 당신의 의식으로, 당신의 진정한 자아로 그 완전한 일체감과 그 우주를 있는 그대로 보아야 한다. 설명하기는 힘든 것이라 직접 경험해 보아야 한다. 오직 경험을 통해서만 알 수 있다. 다른 사람의 이야기를 듣고 깨우칠 수는 없다. 책이나 스승은 방향만 알려줄 뿐 받아들이는 것은 우리의 몫이다. 그것이 이 여정의 좋은 점 중 하나다. 믿어야 할 것은 없고, 모든 것은 각자의 경험으로 증명된 후에야 만족스럽게 받아들일 수 있게 된다."

— 레스터 레븐슨,《세도나 마음혁명》

알아차림이 곧 행복이다

당신은 행복한 사람이 아니다. 당신이 행복 그 자체이다. 당신의 본성, 즉 알아차림이 곧 행복이다. 당신의 본성인 행복 이외의 다른 행복은 없다. 당신이 살면서 느낀 모든 행복이 곧 알아차림의 행복이다! 행복을 느꼈던 시간 속에서 당신은 당신이라는 존재의 위대함을 잠깐 엿본 것뿐이다.

"행복의 순간은 우아함에서 오며 그 행복의 순간은 우리에게 행복이 목적이 아님을 알려준다. 우리는 그 순간 우리가 곧 그 행복임을 알아야 한다. 목적은 거의 무의미하다. 목적은 꿈의 일부지만 행복은 현실이다."
— 프란시스 루실,《침묵의 향기》

그리고 당신이 행복할 때 삶은 당신 뜻대로 펼쳐질 것이다. 행복한 것보다 더 나은 삶의 환경은 없다. 당신이 행복할 때, 모든 문제가 저절로 해결되고 노력하지 않아도 무슨 일이든 쉽게 풀린다. 당신이 행복할 때, 마치 온 우주가 당신에게 필요한 것은 무엇이든 필요한 순간에 대령하는 것처럼 보인다. 더 행복할수록 삶은 더 수월해진다. 더 불행할수록 모든 일에 더 큰 노력이 필요할 것이다.

"에고에 의해 움직일수록 성취하기는 어려워지고 조화로움은 줄어들고 고통은 커질 것이다."
— 레스터 레븐슨,《세도나 마음혁명》

행복은 세상에 없다

"행복이 있는 곳에서 행복을 찾는 사람은 더 행복해진다. 행복이 없는 곳에서 무턱대고 행복을 찾는 사람은 더 좌절하게 된다."
— 레스터 레븐슨,《세도나 마음혁명》

이 세상에서 행복을 찾을 때 우리의 행복은 찰나에 불과하다. 얼마나 많은 것을 손에 넣든, 얼마나 많은 경험을 하든, 물질이나 경험으로부터 오는 행복은 왔다가 사라질 수밖에 없다. 그리고 우리는 다시 다른 물질이나 경험을 통해 행복을 추구하게 된다. 우리가 이 세상에 있다고 믿었던 영원한 행복은 사실 그곳에 없다.

"오직 내면으로 들어가야만 모든 행복이 거기 있음을 발견할 수 있다. 행복을 느낄 수 있는 유일한 공간은 바로 우리의 내면이다. 행복은 바로 그곳에 있다. 바깥에서, 즉 외적인 사물이나 사람으로부터 행복을 찾을 때마다 우리는 기쁨보다 고통만 얻게 될 것이다."
— 레스터 레븐슨,《세도나 마음혁명》

"우리는 행복해지기에 적당한 환경을 기다릴 필요가 없다."
— 루퍼트 스파이러

이 세상에 살았거나 지금 살고 있는 모든 사람은 전부 단 하나의 같은 목표를 향해 움직여왔다. 바로 행복하고 싶은 욕구이다. 우리가 하거나 하지 않는 모든 일, 우리가 갈구하고, 구상하고, 반대하고, 원하고, 바라고, 꿈꾸는 모든 것은 그것을 갖거나 피했을 때 우리가 더 행복해질 것이라고 생각한다. 개개인이 내리는 모든 판단의 숨은 동기는 행복 추구이다. 그리고 우리는 하루에 대략 3만 5000개의 결정을 내린다! 하지만 모든 구상과 계획, 행동, 땀과 눈물과 의사결정은 우리가 이 세상에서 헛되이 찾고 있는 그 행복 근처로도 우리를 데려가지 못한다. 우리가 찾는 행복은 처음부터 쭉 우리 안에 있었다.

"그렇다면 출구는? 행복을 찾기 위해 세상을 보지 말고 행복이 있는 곳, 즉 우리 내면을, 자신의 의식을 바라보아야 한다."
— 레스터 레븐슨,《세도나 마음혁명》

무언가 이뤄야 행복해질까

행복이 외부에서 온다고 믿을 때 우리는 모든 조건이 충족될 때까지 행복을 미뤄두는 습관에 빠지기 쉽다. 이렇게 말하거나 생각해 본 적이 있는가? '—하면 행복할 거야.' 전부 미래의 어떤 사건에 관한 말일 것이다. '시험이 다 끝나고 졸업하면 행복할 거야.' '차를 바꾸면 행복할 거야.' '애인이 생기면 행복할 거야.' '결혼하면 행복할 거야.' '돈이 더 많으면 행복할 거야.' '성공하면 행복할 거야.' '휴가를 가면 행복할 거야.' '살을 빼면 행복할 거야.' '아기가 생기면 행복할 거야' '사업이 잘되면 행복할 거야' '건강이 좋아지고 기분이 나아지면 행복할 거야.' 목록은 끝이 없다.

행복이 외적인 것에서 비롯된다고 믿을 때 우리는 행복을 미뤄둔다. 우리는 무엇이, 혹은 누군가가 우리를 행복하게 만들어주길 기다리지만, 외적인 것들로부터 지속적인 행복을 얻기란 불가능하다. 그런 일은 아무리 기다려도 절대 일어나지 않는다.

혹시 충분히 오래 살았다면, 충분히 성공했고, 멋진 경험도 많이 했다면, 행복을 외부에서 찾을 수 없다는 사실을 이미 깨달았을지도 모른다. 정말 큰 꿈을 이루었다면 특히 그랬을지도 모른다. 우리는 가장 큰 꿈을 실현하면, 엄청나게 성공하거나 어마어마한 부를 얻거나 완벽한 반려자를 찾거나, 아이를 가지면, 마침내 정말로 행복해질 거라고 자신을 기만한다.

하지만 신나는 꿈이든 흥미로운 꿈이든 결국 그 꿈이 이루어지는 순간, 이를 통해 얻을 줄 알았던 영원한 행복도 다른 것들처럼 순식간에 사라져버린다는 사실을 발견한다. 결국 쓰라린 경험을 통해 행복은 바깥에 있는 것이 아님을 깨닫는다. 영원한 행복은 환상이며 절대 실현될 리 없다는 결론에 도달할지도 모르기 때문에 누군가에게 이는 무척 기운 빠지는 순간일 수도 있다.

하지만 영원한 행복은 환상이 아니다. 영원한 행복은 당신 존재 자체의 진실이며 당신의 본성이다. 헛된 탐색이 끝나고 당신이 찾던 행복이 바로 지금 당신 안에 있다는 사실을 이해하는 것은 아주 중대한 발견이다! 그 진실을 이해할 때 마침내 영원한 행복이 손에 닿을 것이다. 행복을 위해 다시는 헛되이 타인이나 세상을 바라보지 않을 것이기 때문이다.

"이를 이해하면 길이 정확히 보일 것이다. 더는 무지개를 쫓지 않고 행복이 있는 곳을 제대로 찾아가게 될 것이다. 바로 당신의 내면으로 말이다."
— 레스터 레븐슨,《세도나 마음혁명》

상상해 보라. 수천 년 동안 수많은 사람이 매일 절박하게 행복을 찾아왔다. 세속적인 곳에서 행복을 찾을 수 있을 것처럼 찾아 헤맸다. 하지만 행복을 찾을 수 있는 곳은 처음부터 오직 하나였다. 바로 우리의 본성, 즉 알아차림이다. 이 모든 상황이 우주의 커다란 농담 같아서 16년간의 속세 탐구를 마치고 마침내 자기 안에서 진실을 발견한 부처가 보리수나무 아래서 커다란 웃음을 터트린 것인지도 모른다. 생각해 보면 자기 안에서 행복을 찾을 생각을 했던 사람은 역사상 극소수에 불과했다.

하지만 누구나 살면서, 가끔 쓰라린 경험을 통해 행복은 외부에서 오는 것이 아니라는 신호를 받아왔다. 사는 동안 왔다 가는 모든 행복은, 세상을 보지 말고 내면을 보라는 또 다른 신호이다.

이제 우리는 행복이 없는 곳이 아니라 행복이 있는 곳에서 행복을 찾을 수 있게 되었다. 더 이상 배우자나 자녀에게서 영원한 행복을 찾지 않을 수 있다. 영원한 행복을 위해 직업을, 새집을, 옷을, 휴가를, 차를 바라지 않을 수 있다. 그것들은 언제나 바뀌기 때문에 그 무엇도 당신을 영원히 행복하게 만들어줄 수 없다. 언제나 변하는 당신의 성격 또한 마찬가지다. 오늘 좋았던 것이 내일은 싫다. 당신의 행복은 진짜 안에, 변하지 않는 당신, 즉 알아차림 안에 있다. 누구도 당신에게 행복을 가져다줄 수 없다.

우리는 이 세상에서 되고 싶고, 하고 싶고, 가지고 싶은 모든 멋진 것을 즐겁게 누릴 수 있지만, 진정하고 영원한 행복은 오직 우리 안에 있다는 사실만은 분명히 알아야 한다.

"당신은 행복을 얻을 수 없다. 행복은 당신의 본성이기 때문이다. 축복도 새로 얻는 것이 아니다. 행복과 축복은 그저 불행을 제거하면 얻을 수 있다."

— 라마나 마하르쉬

생각이 감정을 결정한다. 그러므로 행복하지 않다면 이는 당신이 원하지 않는 무언가를 생각하고 있기 때문이다. 마음은 오직 과거나 미래에서만 기능하기 때문에 이는 당신이 당신을 불행하게 만드는 과거의 어떤 일이나 미래의 어떤 일에 대해 생각하고 있다는 뜻이다.

"생각은 행복해질 수 있는 능력을 억제한다."

— 레스터 레븐슨, 《세도나 마음혁명》

당신과 영원한 행복, 당신의 진정한 모습을 가로막고 있는 것은 한 가지 생각이다. 슬픈 생각이든, 두려운 생각이든, 분노의 생각이든, 불만스러운 생각이든, 결국 그 모든 생각은 이미 일어난 어떤 일에 대해 같은 말을 하고 있다. '나는 이것을 원하지 않아.' 그리고 그 한 가지 생각에 대한 믿음 때문에 불행이 당신의 진정한 모습인 행복을 담요처럼 뒤덮어버린다.

"생각이 먼저 온 다음에 느낌이 오고 그다음에 (눈물 같은) 감정이 온다. 언제나 그렇지만 사람들은 가끔 감정을 먼저 느끼고, 느낌과 감정을 만들어낸 미묘한 생각이 그 전에 존재했다는 사실을 깨닫지 못한다."

—세일러 밥 애덤슨

"당신이 불행을 겪고 있는 유일한 이유는 불행한 생각과 자신을 동일시하기 때문이다."
— 나의 스승

"삶은 단순하다. 모든 일은 당신'에게' 일어나는 것이 아니라 당신을 '위해' 일어난다. 모든 일은 너무 빠르지도 늦지도 않게, 필요한 바로 그 순간에 일어난다. 당신이 좋아할 필요는 없다. … 그렇게 하면 더 쉬울 뿐이다."
— 바이런 케이티,《기쁨의 천 가지 이름》

마음과 마음의 부정적인 생각을 믿을 때 당신의 삶에 초래될 재앙을 이해했길 바란다. 내가 어려움에 처한 사람을 도와줄 때마다 그들이 고통을 느끼는 이유를 살펴보면 언제나 마음의 부정적인 생각을 믿고 있기 때문이었다. 내가 어려움을 겪었던 이유 역시 내 마음과 마음의 부정적인 생각을 믿었기 때문이었다. 그러므로 할 수 있다면 어떤 상황에서 고통이나 괴로움을 느낄 때 그 괴로운 감정을, 지금 당신이 진실이 아닌 부정적인 생각을 믿고 있다고 알려주는 경종이라고 생각하라. 마음에 대한 믿음을 일단 멈추면, 마음은 대부분의 것에 반대하며 당신이 타고난 행복을 가리는 경향이 있다는 사실을 알게 될 것이다.

"생각하지 않는다면, 바로 지금의 문제는 무엇인가?"
— 세일러 밥 애덤슨,《보석의 반짝임A Sprinkling of Jewels》

"당신이 추구하는 평화는 이미 존재한다. 그 평화는 우리의 관심이 생각으로 향해 있기 때문에 모호해 보일 뿐이다."
— 칼랴니 로리

여전히 많은 사람이 온갖 수다, 끝없는 비판, 모순된 특성으로 우리를 때려 눕히는 마음이 이 세상을 지배한다고 믿는다는 것은 놀라운 일이다. 마음을 멈추거나 고요하게 만들 필요는 없다. 그저 마음을 믿지 않기만 하면 된다! 믿지 않기 시작하면 마음은 자연스럽게 조용해질 것이고 당신 안에는 행복의 파도가 축복처럼 들어찰 것이다.

행복에 대한 저항

믿기 힘들겠지만 많은 사람이 행복해지는 것에 저항한다. 저항은 억압된 믿음에서 나오기 때문에 우리는 우리가 저항하고 있다는 사실도 모른다. 믿음은 어렸을 때 마음 깊은 곳에 심어졌을 것이고 우리는 자연스럽고 자유분방한 열정과 기쁨을 억제하라는 말을 들으며 자랐다. 이런 말을 들어본 적 있는가? "나이에 맞게 행동해." "철 좀 들어." "잘난 척하지 마." "입 다물고 가만히 좀 있어 줄래?" 그랬다면 인정받기 위해서는 차분하고 조용해야 한다는 믿음을 갖고 있을 것이다. 신이 나 즐겁게 돌아다닐 때 시끄럽다는 이유로 곤란한 상황에 처했을 것이기 때문이다. 그 결과 시간이 흐르면서 우리는 화력을 줄이고 타고난 기쁨을 억제하는 데 익숙해졌다. 하지만 우리가 행복에 저항하고 있다는 사실을 깨닫는 것만으로도 그 믿음을 깨고 그 힘을 최대한 억누를 수 있다.

"우리는 본래 행복 그 자체이기 때문에, 지금 행복하지 않다면 행복에 저항하고 있는 것이다."

— 나의 스승

"스스로 비참해지기 위해 적극적으로 애쓰고 있지 않다면 당신은 행복할 것이다."

— 앤소니 드 멜로,《깨침과 사랑》

행복해지기 위해서는 아무것도 할 필요가 없다. 그보다 우리를 불행하게 만드는, 지금 하고 있는 일을 멈춰야 한다!

"행복해지는 것은 어렵지 않다. 오히려 불행해지는 것이 어려운 일이다. 행복해지기가 어렵다고 말하는 것은 행복에 끊임없는 노력과 주의, 고생이 필요하다는 믿는 것이다. 하지만 행복에 노력과 고생이 필요하다고 믿으면 고통만 지속될 뿐이다."

— 프란시스 루실,《침묵의 향기》

"당신의 존재 안에 자리한 무한한 행복을 느끼지 못하는가?"

— 나의 스승

자연스러운 상태가 곧 행복이라면 불행해지기 위해 얼마나 큰 에너지가 필요할지 상상해 보라.

전 세계 많은 사람의 행복을 빼앗아온 한 가지는 바로 저항이다. 우리는 일어나고 있는 일이나 이미 일어난 일을 있는 그대로 내버려두지 않고 '나는 그것을 원하지 않아.'라는 반복적인 생각 하나로 행복에 저항한다. 그리고 '원하지 않는' 그것들의 목록은 끝이 없다.

"외부의 그 무엇도 우리를 방해할 수 없다. 우리는 대상이 있는 그대로의 모습과 다르기를 바라기 때문에 고통받는다."
— 바이런 케이티,《네 가지 질문》

"행복은 모든 것을 시시각각 있는 그대로 정확히 내버려두는 것이다."
— 루퍼트 스파이러

당신의 삶과 이 세상에서 일어나는 일에 저항을 멈출 수 있으면 더없는 행복이 바로 당신의 것이다. 깨우침은 더없는 행복의 다른 말일 뿐이다. 깨달음을 얻은 상태가 이미 바로 당신이다. 더없는 행복이 이미 당신이다. 행복은 오직 선택받은 소수만 경험할 수 있는 것이 절대 아니다. 행복이 곧 당신이며, 다른 모든 사람이다!

집착

"살펴보면 불행을 초래하는 것은 오직 하나다. 그 이름은 바로 집착이다."
— 앤소니 드 멜로,《사랑으로 가는 길》

집착은 무엇인가 잃을까 두려워 그것에 매달릴 때 발생한다. 그것이 없으면 행복할 수 없다고 믿기 때문에 매달린다. 집착은 종종 사랑으로 오해되기도 하지만 사랑이 아니다. 사랑에는 그 어떤 두려움도 없다. 사랑은 다가오는 것이든 멀어지는 것이든 모든 것을 자유롭게 한다. 집착은 사랑인 척하지만 잃을까 봐 두려워 움켜쥐고 싶어 하는 것일 뿐이다.

"맹목적인 것은 사랑이 아니라 집착이다. 집착은 무엇이 혹은 누군가가 당신의 행복을 위해 꼭 필요하다는 잘못된 믿음 때문에 그 대상에 달라붙어 있는 상태이다."
— 앤소니 드 멜로,《사랑으로 가는 길》

같은 회사에서 함께 일하는 두 사람이 있다고 해보자. 두 사람 모두 자기 일을 사랑하고 매일 출근하는 것이 행복하다고 말한다.

그러던 어느 날 출근 직후, 직원들이 해고당할 거라는 소식을 듣는다. A의 몸은 그 소식을 듣자마자 두려움으로 가득 찼다. '내가 해고되면 어떡하지? 다른 일을 구할 수 없으면 어쩌지? 세금도 못 내고 대출금도 못 갚을 거야. 집을 잃게 될 거야.' 이 모든 생각은 자기 일에 대한 집착에서 나온 것이다. 당신에게도 그 생각에 담긴 두려움이 보일 것이다.

한편 B는 생각이 달랐다. 그는 무슨 일이 일어나든 자신은 행복할 거라는 사실을 알고 있었다. 삶은 늘 변하고 모든 일은 당장 그렇게 보이지 않겠지만 전부 가장 좋은 방향으로 일어난다는 사실을 알고 있었다. 경험으로 예상치 못한 일 다음에 더 좋은 일이 일어난다는 사실도 알고 있었다. 무슨 이유로든 일자리를 잃어도 다른 일을 구할 수 있으며 심지어 상황이 더 좋아질 거라고 생각했다. 이것은 집착이 아니다.

누가 더 행복한 사람 같은가? 누가 더 나은 삶을 살 것 같은가?

"집착을 내려놓기 전까지 당신은 행복이 무엇인지 결코 알 수 없다."
— 앤소니 드 멜로,《깨침과 사랑》

"내 삶도 당신의 삶과 마찬가지로 사건의 연속이다. 당신이 대상에 집착하고 그것과 함께 움직일 때 나는 집착하지 않고 지나가는 일을 그저 지나가는 일로 바라볼 뿐이다."
— 니사르가닷따 마하라지,《아이 앰 댓I Am That》

사람에게 집착하는 경우, 그 집착은 사랑이 결핍되었다는 믿음 때문에 생긴다. 그 사람이 당신의 사랑과 행복의 열쇠를 쥐고 있으며 그 사람이 없으면 사랑과 행복이 사라질 거라고 믿는다. 그 믿음은 집착을 정당화하고 당신을 극도로 위험한 상태에 처하게 만든다. 모든 것은 언제나 변하기 마련이고 육체를 가진 그 어떤 사람도 영원히 여기 머물 수 없기 때문이다.

"사람들은 서로가 필요하고 그것을 사랑이라고 생각한다. 사랑은 상대에게 매달리지도, 벽을 쌓지도 않는다."
— 레스터 레븐슨

집착은 매우 심해질 수 있다. 집착은 가끔 우리가 자신이라고 믿는 정체성을 구성하기도 한다. 그래서 우리는 집착을 내려놓으면 정체성을 잃을지도 모른다고 생각한다. 그것이 바로 애초에 우리의 행복을 앗아가고 우리를 절망에 가두는 집착을 내려놓지 못하는 이유이다.

무언가의 양이 유한하다고 믿으면 가진 것에 집착하게 된다. 우리는 자신의 몸과 마음, 자신에 대한 이미지, 배우자와 자녀, 부모, 가족, 친구, 반려동물, 일, 개인적 성취, 명성, 기술, 취미, 종교, 성공, 자동차나 집 같은 물질적 대상에 집착할 수 있으며, 의견과 믿음, 관점에 집착할 수도 있다. 정치나 종교, 온갖 다른 주제에 대해 자신의 신념을 맹렬히 옹호하는 사람들도 자기 의견에 집착하고 있는 것이다.

"우리는 자기 생각과 너무 깊게 엮여 있어 그 생각에서 벗어나는 것조차 상상하지 못한다. 그리고 그 생각에서 벗어나기 전까지는 무지한 채 신체에 집착하면서 전반적으로 절망적인 삶을 살게 될 것이다."
— 레스터 레븐슨, 《세도나 마음혁명》

시간이 흐르면서 우리 마음은 무수한 고정관념에 단단하게 사로잡힐 수 있다. 우리가 붙들고 있는 그 생각들이 사실은 우리를 한계 많은 인간으로 묶어놓고 우리 삶을 무겁게 만들고 우리가 타고난 행복을 억누른다는 사실은 역설적이다.

역사는 사람들이 자기 신념에 너무 집착해서 이를 내려놓기보다 차라리 죽음을 택하기도 한다는 사실을 보여준다. 어떤 이들은 오직 신념에 집착하여 고통스러운데도 계속 전진하기도 한다.

"사람들은 행복해지고 싶어 하지 않는다. 행복해지기 위해서는 자신의 믿음과 생각을 바꿔야 하지만 그 생각에 매달려 절대 바꿀 수 없다고 말한다. 우리는 욕구가 충족되지 않으면 행복해지기를 거부한다."
— 앤소니 드 멜로

모든 의견과 고정관념을 하나씩 내려놓을 수 있다면 당신은 깨달음을 얻을 것이다. 모든 판단에서 자유로울 때 대상을 있는 그대로 받아들일 수 있기 때문이다. 그러면 당신은 당신의 존재 자체로 흘러들어오는 기쁨과 행복에 놀랄 것이고 당신의 삶은 모든 면에서 당연히 개선될 것이다.

내가《시크릿》10주년 기념판에서도 언급했듯이 의견을 내려놓고, 고정관념을 붙들지 않고, 함부로 결론을 내리지 않을수록 더 많은 축복과 기쁨이 내 것이 될 수 있다.

집착하고 있는 것은 '당신'이 아니라 당신의 마음이다! 집착은 마음의 작용일 뿐이다. 집착은 마음을 강화시켜 우리는 한계가 없고 더없이 행복한 우리의 진정한 모습인 알아차림이 아니라, 한계가 많은 개별적 인간이라는 믿음 안에 우리를 가두기 때문이다. 집착은 마음으로부터 오기 때문에 마음이 집착하고 있는 것이 위협받을 때 우리는 두려움을 뚜렷하게 느낀다.

마음의 가장 큰 집착은 바로 에고가 곧 나이며 나는 독립된 개인이라는 집착이다. 우리 모두가 곧 하나의 알아차림이라는 그 진실의 경이로움에도 불구하고 우리 마음은 여전히 우리가 개별적 존재라는 사고에 매달려 있다.

집착하는 삶의 결과는 오직 슬픔과 고통뿐이다. 이 물질적 세상에서 영원한 것은 우리 몸을 포함해 아무것도 없다. 우리가 깨닫지 못하는 사이 마음은 우리의 행복과 집착을 맞바꾸었다.

앤소니 드 멜로는 부처의 사성제四聲諦에 대한 해석에서 집착에 대해 다음과 같이 아름답게 말했다.

"세상은 슬픔으로 가득하다.
슬픔의 뿌리는 집착 욕구이다.
슬픔 없는 삶의 해답은
집착을 내려놓는 것이다."
— 앤소니 드 멜로,《깨침과 사랑》

당신은 원하는 것은 무엇이든 욕망하고 가질 수 있다. 문제는 오직 그것들에 집착하기 시작할 때 발생한다.

알아차림 대 집착

집착을 없애기 위해 애쓸 필요는 없다. 감정을 바꾸기 위해 엄청난 노력을 기울일 필요도 없다. 집착은 마음과 당신의 진정한 모습을 동일시하는 것에서 나오므로 집착에서 자유로워지기 위해서는 알아차림 상태로 머무는 시간을 늘리면 된다. 그러면 모든 집착이 하나씩 사라질 것이다! 집착에 좌우되지 않을 때 당신의 삶이 얼마나 멋져지는지는 말로 다 표현할 수 없다. 만인과 만물에 대한 당신의 사랑이 훨씬 깊어질 것이고 무엇이 변하거나 끝나더라도 견딜 수 없는 슬픔을 느끼지 않게 될 것이다.

"나의 비밀은 이것입니다. 나는 무슨 일이 일어나도 아무 상관이 없습니다."
— 크리슈나무르티, 1977년 오하이에서 열린 '두 번째 공개 강연'에서

크리슈나무르티의 말은 무엇에도 집착하지 않는 태도를 보여준다. 그의 말이 곧 진정한 무집착nonattachment이다. 당신도 결국 그렇게 될 수 있다고 금방 믿어지지는 않겠지만 이는 마음의 말일 뿐이다. 기억하라. 무집착이 곧 당신의 본성이다. 무집착이 바로 당신, 즉 알아차림이다.

오래전 우리 가족은 호주 시골 마을의 아름다운 집에서 살고 있었다. 두 아이들은 시골에 사는 것도, 그 집도 좋아했다. 마법 같은 삶이었지만 불행하게도 금리가 18퍼센트 이상 올랐고, 더 오래 많은 일을 했음에도 불구하고 결국 대출금을 갚을 수 없게 되었다. 3년 동안 엄청난 희생과 고난을 감수하며 그 집을 지키기 위해 노력했지만 헛수고였다. 마침내 집을 비워줘

야 하는 날, 나는 우리가 감내했던 고통에 대해 생각하며 다른 집에는 절대로 집착하지 않겠다고 결심했다. 깊은 고통을 겪으면 우리는 변한다.

그 이후로 나는 내가 살았던 모든 집을 사랑했고 다른 집과 비교할 수 없을 정도로 더 사랑했던 집도 있었지만, 그 어떤 집에 대해서도 집착하지 않았다. 언젠가 떠나게 될지도 모른다는 두려움 없이, 사는 동안 온전히 그 집에 감사하며 그 집을 누렸다. 그리고 결국 그 집을 떠날 때 어떤 슬픔도 없이 오직 감사의 마음만으로 떠날 수 있었다.

"행복은 육체는 물론 물질을 포함한 어떤 대상에도 집착하지 않을 때 느낄 수 있다."
— 프란시스 루실

우리는 물질적인 세상에 살고 있으며 모든 물질은 결국 종말을 맞이한다. 대상에 집착하면 대상이 사라질 때 괴로울 수밖에 없다. 하지만 지금 여기 당신의 삶에 있는 것을 진심으로 사랑하면, 진심으로 고마워하고 온전히 감사하면, 대상이 사라지더라도 그만큼의 고통은 느끼지 않을 것이다.

나는 어렸을 때부터 지금까지 엄마와 매우 가까운 관계를 유지하고 있다. 엄마는 엄마 이상이었고 내 가장 친한 친구였다. 나는 엄마 없는 삶을 상상할 수 없었고, 엄마가 없으면 삶의 의미 또한 없을 거라고 생각했기 때문에 엄마의 죽음이 끔찍하게 두려웠다. 하지만 '그 비밀'을 발견한 후 나는 내 삶의 모든 것, 특히 가족과 엄마에 대한 감사와 고마움으로 가득 찼다. 나는 엄마와 보내는 모든 순간에 감사했다. 엄마가 지금껏 내게 해준 크고 작은 의미 있는 일들에 대해 끊임없이 엄마에게 말했다. 엄마를 얼마나 사랑하는지 말하고 또 말했다. 그래서 엄마가 돌아가셨을 때 생각했던 것만큼 괴롭지 않았다. 오히려 엄마에 대한 내 사랑이 우주보다 더 넓게 확장되었다고 느꼈다. 이는 오늘날까지도 마찬가지다.

당신이 곧 사랑이며 사랑은 집착의 반대이다. 사랑은 모든 것이 자유롭게 오가게 한다. 사랑은 그 어떤 일도 있는 그대로 허용하고 수용한다.

"당신이 이미 사랑이다. 사랑은 아무것도 구하지 않는다. 이미 완전하다. 사랑은 아무것도 원하지 않고, 필요로 하지 않고, 반드시 해야 할 것도 없다."
— 바이런 케이티,《사랑에 대한 네 가지 질문Need Your Love - Is That True?》

장담한다. 집착이 사라지면 너무 충만하고 거대한 사랑을 느껴 마치 우주가 이를 수용할 수 없을 것 같다고 느낄 것이다. 당신이 집착했던 모든 것은 이 전지전능하며 어디에나 있는 사랑으로 대체될 것이다. 어떤 이들은 이 사랑을 '신'이라고 부른다.

예수나 부처, 크리슈나, 온전한 깨달음을 얻은 다른 존재들의 현현 앞에서 사람들 안의 부정적 성향은 즉시 사라진다. 순수하고 조건 없는 사랑은 그렇게 강력하다. 모든 불화와 부정적 성향을 그 자리에서 용해시킨다. 사랑은 사랑이 아닌 것은 무엇이든 녹여 없앤다. 이 전능한 사랑이 바로 당신의 본성이다. 바로 당신이다.

행복으로 시작하기

"행복해지기 위해 필요한 것은 아무것도 없다. 슬퍼지기 위해서는 무언가
가 필요하다."
— 슈리 푼자 (파파지)

"'알아차림은 언제나 현존한다'는 것을 이해하면 몸-마음에서 형질 전환이
일어난다. 몸-마음은 원인 없는 기쁨에 감동하고 행복을 손에 넣기 위해
정진해야 한다는 믿음으로부터 자유로워진다. 행복은 노력을 통해, 고통을
통해 도달할 수 있는 것이 아니다. 어떻게 고통을 통해 행복에 도달한다는
말인가? 어떻게 더 많은 고통이 우리를 행복하게 해줄 수 있다는 말인가?
우리는 행복으로 시작해야 한다. 우리는 행복해지기 위해 너무 자주 고통
을 받아들여왔다."
— 프란시스 루실,《침묵의 향기》

우리는 주변에서 무슨 일이 일어나든 지금 당장 행복할 수 있다. 행복은
찾아 나서거나 기다려야 하는 것이 아니다. 바로 지금 여기에 당신과 함께
있기 때문이다.

"우리는 지금 자유와 행복을 누릴 수 있다. 열심히 노력해 행복할 자격을
얻거나 어떻게든 준비를 마치고 먼 미래의 어느 날 행복이 도착하길 기다
릴 필요가 없다. 우리는 바로 지금, 기쁨과 즐거움을 누릴 이유가 있다."
— 헤일 도스킨,《세도나 메서드》

"당신이 곧 궁극적인 기쁨이다. 기쁨을 찾는 것은 내가 레스터를 찾는 것과 마찬가지다. 내가 레스터다. 나는 밖으로 나가 나를 찾을 필요가 없다. 내가 기쁨이라면 밖에서 기쁨을 찾을 필요가 없다. 기쁨은 이미 당신 안에 있으므로 이를 찾기 위해 밖으로 나갈 필요가 없다."
— 레스터 레븐슨,《세도나 마음혁명》

"스스로 사랑을 원한다고 느끼면, 이는 호수가 물을 찾고 있는 것이나 마찬가지다."
— 헤일 도스킨

"인간이 할 수 있는 가장 중요한 발견은 평화와 행복, 사랑이 우리 안에 언제나 존재하며, 어떤 경험에서도 매 순간 완전히 가능하다는 사실이다."
— 루퍼트 스파이러,《평화와 행복의 기술The Art of Peace and Happiness》

행복은 당신의 본성이기 때문에 쟁취할 수 없다. 당신은 오직 행복 그 자체가 될 수 있을 뿐이다. 행복하다면 당신은 당신의 진정한 자아, 즉 알아차림으로 존재하는 것이다! 당신의 진정한 모습인 알아차림으로 존재할 때 당신은 삶의 모든 것과 조화로운 상태이며 당신 삶이 마법 같아질 거라고 말하는 것조차 엄청난 과소평가다.

"그제야 비로소 인간은 온전히 살아갈 수 있게 된다. 수정되었을 때나 태어났을 때, 성인이 되었을 때도 아니고, 우리가 들먹이기 좋아하는 어떤 의식, 세례와 결혼, 바르미츠바(성년의례), 졸업의 순간도 아니다. 우리가 자신이라고 느꼈던 하찮은 것들이 바람에 모두 날려가 자아에 대한 감각이 허물어질 때, 우리는 마침내 온전히 살아갈 수 있다. 이는 죽음과도 약간 비슷하다. (지금까지의 당신은 더 이상 존재하지 않기 때문이다.) 그럼에도 불구하고… 그럼에도 불구하고… 당신은 계속 존재하며, 삶은 계속된다는 사실에 놀라게 될 것이다. 죽음 이후의 삶이 존재한다. 당신은 지상의 낙원이라는 말이 무슨 뜻인지 이해하게 될 것이다."

— 잔 프레이저,《문을 열며》

자신에게 행복을 허하라. 기꺼이 당신의 진정한 모습인 행복 그 자체가 되어라. 행복은 바로 지금 여기에 있다. 알아차림의 힘은 당신의 행복을 위협하는 모든 것에 대한 답이다. 넓게 바라보며 당신의 진정한 모습인 알아차림 상태로 머물 때, 행복은 당신의 것이다!

행복하지 않다면 행복이 아닌 어떤 감정도 환영해야 한다는 사실을 기억하고, 이를 바꾸거나 없애려 하지 말고 그저 존재하도록 내버려두어라. 나타나는 모든 감정을 환영하면 그 감정은 당신 자신인 행복 안에서 녹아 없어질 것이다.

두 팔을 벌리고 불행한 감정을 환영할 때마다 영원한 행복과 조화롭고 마법 같은 삶에 그만큼 더 가까워지는 것이다. 불행한 감정을 더 많이 환영할수록 진정한 자아의 행복은 증가할 것이다. 결국 모든 불행한 감정 아래 숨어있는, 알아차림의 영원한 사랑과 행복을 스스로 발견하게 될 것이다.

10장 요약
Summary

- 당신이 곧 행복이다. 그것이 당신의 본성이다! 행복, 결코 마르지 않는 행복의 샘은, 바로 지금 여기, 당신 안에 있다!

- 당신의 진정한 자아인 알아차림의 행복 외에 다른 행복은 없다. 당신이 살면서 느꼈던 모든 행복이 바로 알아차림의 행복이다.

- 행복을 느끼는 것보다 더 나은 삶의 환경은 없다. 더 행복할수록 당신의 삶은 더 수월해진다.

- 이 세상에서 행복을 추구할 때 행복은 달아난다.

- 진실하고 영원한 행복이 있는 유일한 곳은 바로 우리 내면이라는 사실을 충분히 인지하면서도 이 세상에서 되고 싶고, 하고 싶고, 가지고 싶은 모든 멋진 것을 즐길 수 있다.

- 생각이 감정을 결정하므로 행복하지 않다면 이는 당신이 원하지 않는 무언가를 생각하고 있기 때문이다.

- 당신과 영원한 행복, 당신의 진정한 모습을 가로막고 있는 것은 바로 이 한 가지 생각이다. '나는 이것을 원하지 않아.'

- 어떤 상황에서 고통이나 괴로움을 느낄 때 그 괴로운 감정을, 지금 당신이 진실이 아닌 부정적인 생각을 믿고 있음을 알려주는 경종으로 여겨라.

- 많은 사람이 의도치 않게 행복에 저항한다.

- 행복에 저항해 왔다는 사실을 깨닫는 것만으로도 우리는 행복에 저항하게 만들었던 억압된 믿음의 힘을 대부분 없앨 수 있다.

- 행복해지기 위해서는 아무것도 할 필요가 없다. 우리를 불행하게 만들고 있는 일을 멈추기만 하면 된다.

- 불행을 초래하는 것은 단 하나다. 바로 집착이다.

- 집착은 잃어버릴까 두려워 대상에 매달릴 때 생긴다. 그것이 없으면 행복할 수 없다는 믿음 때문이다.

- 집착은 종종 내가 나라고 생각하는 사람의 정체성을 형성하기 때문에 우리는 집착을 내려놓으면 나의 정체성을 잃을지도 모른다고 느낀다. 그래서 집착한다. 집착이 행복을 앗아가는 줄도 모르고.

- 실제로 집착하는 주체는 당신이 아니라 당신의 마음이다. 집착은 마음에서 나온다. 당신의 진정한 모습은 그 어떤 것에도 집착하지 않는다.

- 집착에서 벗어나기 위해서는 알아차림 상태로 머무는 시간을 늘리면 된다. 그러면 모든 집착이 하나씩 떨어져 나갈 것이다.

- 우리는 주변에서 무슨 일이 일어나든 지금 당장 행복할 수 있다. 행복은 찾아 나서거나 기다려야 하는 것이 아니다.

- 행복은 쟁취할 수 없다. 당신이 행복 자체가 될 수 있을 뿐이다. 지금 행복하다면 당신의 진정한 자아로 살고 있다는 뜻이다.

- 행복하지 않다면 행복이 아닌 모든 감정을 환영하고, 이를 바꾸거나 없애려 하지 말고 그저 받아들여라.

- 불행한 감정을 더 환영할수록 진정한 자아의 행복도 더 커질 것이다.

11장

세상은
다 잘될 것이다

The World: All Is Well

"모든 일이 다 잘될 것이고, 모든 일은 다 잘될 것이며, 전부 다 잘될 것이다."
— 노리치의 율리아나

"알다시피 가톨릭, 기독교, 비기독교 등 어떤 종교나 신학에 상관없이 모든 신비주의자들이 만장일치로 동의하는 것이 하나 있다. 바로 모든 일이 다 잘될 것이라는 믿음이다. 전부 엉망이지만 그래도 다 잘될 것이다. 말도 안 되는 역설임에 틀림없다. 하지만 비참하게도 대부분의 사람이 잠들어 있기 때문에 모든 것이 잘될 것이라는 사실을 이해하지 못한다. 사람들은 악몽을 꾸고 있을 뿐이다."
— 앤소니 드 멜로, 《알아차림》

이 세상에 폭력과 전쟁, 빈곤과 파괴가 만연한데 어떻게 모든 것이 잘된다는 말이냐고 생각할 수도 있다. 사람들은 서로 싸우고, 공격하고, 논쟁하고, 비판하고, 위협하면서 이 행성 전체에 고통을 유발하고 있다.

하지만 그 비참한 역사에도 불구하고 어떻게 모든 것이 잘될 수 있느냐는 물음에 현자들은 이렇게 대답한다. "이 세상이 환영illusion이기 때문이다."

다시 말해 겉으로 보이는 세상이 전부가 아니라는 뜻이다. 우리가 진짜라고 믿는 세상은, 견고하고 구체적이며 우리와 별개로 우리 바깥에 존재하는 유일한 현실이 곧 세상이라는 믿음은 환영일 뿐이다.

"우주가 한낱 환영에 불과하다는 데에는 한 치의 의심도 없다."
— 라마나 마하르쉬,《라마나 마하르쉬 저작 전집The Collected Works of Ramana Maharshi》

우리는 물질적인 것이 대부분 공간임을 과학을 통해 알고 있다. 우리가 보는 색은 사실 바로 그 색이 부재한 공간이며, 우리가 듣는 소리는 뇌가 신경 신호를 통해 소리로 해석하는 진동임을 과학을 통해 알고 있다. 그리고 우주의 모든 질량 중 오직 0.005퍼센트만이 전자기 스펙트럼을 구성하고 있으며, 더 나아가 인간은 그중 극히 일부만 인식할 수 있다는 사실 또한 알고 있다. 그렇다면 세상은 정말 우리 눈에 보이는 그대로인가?

"자, 나는 엠파이어 스테이트 빌딩을 본다. 당신도 본다. 건물은 아마 당신과 내게 똑같이 보일 테지만 눈이 백 개인 곤충의 눈에는 어떻게 보일까? 적외선만 감지할 수 있는 뱀에게는 어떻게 보일까? 초음파 반향만 알고 있는 박쥐에게는 어떻게 보일까? 그러므로 엠파이어 스테이트 빌딩, 그 건물의 모습은 인간에게 보이는 모습일 뿐 악어에게 보이는 모습은 아니며, 경험의 폭이 좁은 인간의 감각기관만 진실이라고 추정할 수 없다. 게다가 당신은 오직 광자만 눈에 닿는다면 왜 엠파이어 스테이트 빌딩이 지금처럼 보이는지 설명할 수도 없다."

— 디팩 초프라 박사, 팟캐스트 '마인드바디그린mindbodygreen'에서

우리가 현실이라고 추정하는 것을 자세히 살펴보면 우리의 추정이 우리가 생각했던 것 같은 진실이 아님을 발견하게 된다.

"과학은 물질적 세계와 그 물질이 진짜라는 가정에서 시작한다. 자, 그것이 문제인 이유를 살펴보자. 당신이 과학자라면, 물질은 무엇으로 이루어져 있는가? 물질은 분자로 이루어져 있다고 대답할 것이다. 분자는 무엇으로 이루어져 있는가? 원자다. 원자는 무엇으로 이루어져 있는가? 입자다. 입자는 무엇으로 이루어져 있는가? 여기서 우리는 더 작은 입자를 만나게 된다. 그것들은 무엇으로 이루어져 있는가? 입자로 측정되지 않는다면 그것들은 개념적 공간의 확률적 파동일 뿐이다."

— 디팩 초프라 박사, 팟캐스트 '마인드바디그린'에서

그 확률적 파동은 결코 물질이 아니다. 그것들은 그저 빈 공간일 뿐이며 마음에 의해 측정되고 관찰될 때 입자로 보이는 것뿐이다!

"당신이 부엌에서 나갈 때, 그러니까 당신의 동물적 감각이 더 이상 식기세척기의 소리와 시계의 똑딱거리는 소리, 오븐에서 구워지고 있는 닭의 냄새를 인식하지 못할 때, 부엌과 개별적으로 보이는 부엌 안의 모든 것은

무無로, 확률적 파동으로 되돌아간다.”
__ 로버트 란자 박사

역사가 14세기까지 거슬러 올라가는 장미십자회는 물질적 세계가 그저
'마음의 환영'일 뿐이라고 했으며, 고대의 전통이 진실이라고 믿었던 그 생
각을 양자물리학이 확인해 주었다.

나는 수년 전 양자물리학을 처음 공부했는데 내가 읽은 책에 의하면 내가
앉아 있는 방은 내가 나가면 더 이상 존재하지 않는다고 했다. 그 방과 그
안의 모든 것은 내가 보고 있지 않을 때 확률적 파동으로 되돌아가기 때문
이다. 내가 다시 들어가 관찰할 때에야 단단한 입자로 다시 형태를 갖춘다.
나는 방이 다시 형태를 갖춰가는 모습을 보기 위해 방에서 걸어 나오면서
재빨리 고개를 돌려보기도 했다. 하지만 한 번도 성공하지 못했다!

“물질이 자갈로, 눈송이로, 심지어 아원자 입자로 형태를 갖추기 전에, 이
는 살아있는 생물에 의해 관찰되어야 한다.”
__ 로버트 란자 박사,《바이오센트리즘Biocentrism》

가장 깊은 수준에서 이 세상의 물질적 구조 전체와 그 안의 모든 것은 빈
공간에 지나지 않는다. 그러므로 디팩 초프라 박사가 말했듯이, “세상은 물
질적인가?”

하지만 세상이 물질적이지 않다면 과연 무엇이란 말인가?

모든 물질적 드러남은 마음으로부터 온다. 하지만 이는 단순히 물질보다 마음이 우선한다는 생각보다 훨씬 깊다. 물질이 곧 마음이다. 형체가 있는 물질로 드러나는 모든 것은, 우리의 물질적 세계 전체와 이 우주는 사실 마음이 투영한 이미지일 뿐이다.

"모든 것은 마음이고 우주는 정신의 작용이다. … 우주의 정신적 본성의 진실을 파악한 사람은 탁월함의 길에 올라선 것이다."
— 《헤르메스 가르침, 키발리온The Kybalion》

"세상과 우주는 정신의 혼합물이다."
— 레스터 레븐슨, 《세도나 마음혁명》

"원자의 구조조차 마음이 만들어낸 것이다."
— 라마나 마하르쉬

"모든 현시는 마음이다."
— 프란시스 루실

"생각은 신이 내뿜는 원초적 에너지와 진동이며 그리하여 삶을, 전자와 원자를, 모든 형태의 에너지를 창조한다."
— 파라마한사 요가난다, 《신과 아르주나의 대화God Talks with Arjuna : The Bhagavad Gita》

밤에 광대한 우주를 바라볼 때, 우주가 당신 밖에 있음을 어떻게 확신하는

가? 우리가 보는 모든 이미지는 우리 망막에 닿은 빛의 광자를 뇌가 이미
지로 해석한 것이라는 사실을 우리는 이제 알고 있다. 뇌는 머릿속에서 그
이미지를 뒤집어 투사한다. 그래서 생물학적 수준으로도 우리가 보는 것
은 사실 우리 안에 존재하고 있다.

우리가 세상을 볼 때 우리는 우리 바깥에서 세상을 보는 것이 아니다. 우
리는 우리 안에서 세상을 보고 있다. 바깥세상을 감지하는 우리의 감각은
전부 우리 '안'에서 경험되는 것이다. 물체를 만지면 바깥이 아니라 당신
안에서 그것을 느낀다. 직접 확인해 보라. 누군가 당신의 어깨에 팔을 올리
면, 당신은 당신 안에서 그것을 보고 그 감각을 느낀다. 어떤 소리를 들으
면 바깥에서 그 소리를 듣는 것이 아니라 당신 안에서 소리를 듣는다. 몸
을 움직이면 움직임의 모든 감각은 당신 안에서 느껴지고 경험된다. 어떤
감각이나 느낌도 우리와 별개로 저 바깥에 세상이 존재함을 증명해 주지
못한다.

"우리는 온 우주를 만들어놓고도 그랬다는 사실을 잊었다. 우리는 우주가
실재하며 우리와 분리되어 있다고 말하지만, 우주는 사실 우리 마음속 이
미지일 뿐이다. 당신이 이 세상을 볼 수 있는 유일한 곳은 바로 당신의 마
음속이다. 마음을 잠재우면 세상은 더 이상 존재하지 않는다. 잠에서 깨어
나지 않으면 세상은 더 이상 없다. 오직 당신만 존재한다."
— 레스터 레븐슨, 윌파워 오디오

티스푼부터 하늘의 태양까지 당신이 보는 모든 것은 마음의 투영이다. 우
리 마음은 영사기처럼 세상의 장면들을 투영한다. 마치 당신의 위와 아래
는 물론 사방에 스크린이 존재하는 360도 영화관에 서있는 것과 같다. 서
라운드 사운드와 함께 이는 아주 그럴듯한 경험이 된다.

"세상이 독립된 실재라는 생각은 환상일 뿐이다."
— 프란시스 루실

당신이 보는 세상은, 우리의 몸 외부에 독립적으로 존재하는 것처럼 보이
는 세상은, 마음이 창조한 환영이다. 단단한 사물의 겉모습은 마음이 만들
어낸 환영이다. 3차원 사물의 겉모습은 마음이 만들어낸 환영일 뿐이다.

이 세상과 그 안에서 감각을 통해 우리가 경험하는 이미지들은 잠들었을
때 꾸는 꿈속 세상과 마찬가지다. 꿈의 내용과 꿈속에서의 경험은 전적으
로 마음이 만든 것이고, 마찬가지로 당신이 깨어 있을 때 이 세상에서 하
는 경험 역시 전적으로 당신 마음 안에서 벌어지는 일이다.

"마음이 창조와 자기기만에 대단한 능력을 가지고 있다는 사실을 안다면, 우리가 '나'라고 인식하는 몸과 우리가 지금 깨어있는 상태에서 진짜라고 인식하는 세상이 우리가 꿈속에서 경험하는 몸과 세상처럼 상상이나 정신적 투사일 것이라고 의심하는 게 타당하지 않겠는가? 우리가 깨어있는 상태에서 경험하는 몸과 세계가 마음의 창조물이 아니라는 증거가 과연 있는가?"

— 마이클 제임스,《행복과 존재의 기술》

"당신은 배우가 연기하고 관객이 등장하는 영화를 머릿속에서 만들어 상영하면서, 그 모든 것이 당신 마음속에 있다는 사실 자체를 잊어버렸다."

— 레스터 레븐슨,《세도나 마음혁명》

"세상은 생각과 사고로 이루어져 있다."

— 나의 스승

"우리가 보고 있는 모든 것은 곧 우리 마음이다."

— 레스터 레븐슨,《세도나 마음혁명》

"우리가 이름 붙인 모든 것, 위도, 경도, 그리니치 평균시, 국가, 주, 별, 은하계, 그리고 당신이 이름 붙인 모든 것은 인간이 만든 것이다. 즉 우리가 이 세상을 창조한 것이다. … 수천 년 동안. 우리는 이야기꾼들이다."

— 디팩 초프라 박사, '2018년 과학과 비이원성 컨퍼런스SAND conference 강연'에서

우리는 개별적 사고와 집단적 사고를 통해 이 세상을 창조했을 뿐만 아니라, 지금도 매 순간 우리가 경험하는 모든 것을 창조하고 있다.

"이 세상이라고 불리는 것의 모습? 세상은 우리가 만든 환상일 뿐이다. 어느 날 당신은 당신이 온 우주를 창조했다는 사실을 깨달을 것이다. … 우주는 그저 우리 생각들의 합성일 뿐이다."
— 레스터 레븐슨, 월파워 오디오

그리고 그 생각들을 이 분명한 세상과 우주로 전환하는 힘은 무엇인가? 바로 존재하는 유일한 힘인 무한한 알아차림이다. 무한한 알아차림은 현존하는 유일무이한 힘이다. 그 무엇도 대적할 수 없다. 그리고 당신이 바로 그 힘이다.

의식과 알아차림이 전부다

"전반적으로 세상은 교과서에 묘사된 그런 곳이 아니다. 대략 르네상스 시대부터 몇 세기 동안 우주의 구조에 관한 단 하나의 사고방식이 과학계를 지배해 왔다. 이 사고방식은 우주의 본성에 관한 놀라운 통찰을 제공했고 다양한 측면에 응용되어 우리 삶의 모든 측면을 완전히 변화시켰다. 하지만 그 사고방식의 유용성은 한계에 도달했고, 이제는 지금까지 완전히 무시되어 온 더 깊은 현실을 반영하는 새로운 패러다임으로 전환될 필요가 있다."
— 로버트 란자 박사, 《바이오센트리즘》

"몇 가지 불가해한 이유로, 가능한 모든 경험에서 가장 일반적인 요소, 즉 의식이 비밀로 남겨져왔다."
— 디팩 초프라 박사

디팩 초프라 박사는 강연에서 과학이 여전히 풀지 못하는 가장 어려운 문제 두 가지를 제기했다.

1. 우주의 본질은 무엇인가?
2. 의식은 어디에서 오는가?

"과학은 자연의 궁극적인 신비를 풀지 못한다. 그리고 이는 결국, 우리 자신이 곧 자연의 일부, 즉 우리가 풀려고 하는 신비의 일부이기 때문이다."
— 막스 플랑크,《과학은 어디로 가는가Where Is Science Going?》

객관적이고 물질적이고 견고하며 우리와 별개로 존재하는 우주의 형태를 믿는 한 과학자들은 우주의 본질에 대한 진실을 찾지 못할 것이다. 하지만 수백 년 동안 현자들은 과학이 답하지 못했던 난제의 답을 알고 있었다.

우주의 본질은 무엇인가?
의식이 곧 우주의 본질이다.

의식은 어디에서 오는가?
의식은 어디서도 오지 않는다. 모든 것이 의식에서 온다.

의식 혹은 알아차림은 무한하다. 동시에 어디에나 존재한다. 그러니 과연 어디에서 올 수 있단 말인가?

우리는 물질로 이루어진 우주가 빅뱅으로 시작되었으며, 과학자들이 예견하듯 언젠가 종말을 맞이하게 될 거라는 사실을 알고 있다. 그 시작과 끝의 존재 덕분에 우주는 유한한 것이 되고, 우주가 유한하다면 이는 분명 '무한한' 무엇으로부터 탄생했어야만 한다! 우주는 '의식'으로부터 나왔고, 그 무한한 의식은 우주와 그 안에 존재하는 모든 것의 토대이자 본질이다.

당신은 무한한 의식이자 무한한 알아차림이며, 이는 궁극적으로 우주가 바로 '당신'이며, '당신 안'에 있다는 뜻이다.

"온 우주는 한 사람의 인간, 즉 당신 안에 담겨 있다."
— 루미

세상, 우주, 그리고 당신의 몸을 포함해 그 안의 모든 것은 알아차림 '안'에 존재한다. 그 모든 것은 알아차림의 일부이다. 알아차림은 동시에 어디에나 존재하며, 모든 것은 알아차림 안에 있고 알아차림으로부터 생겨난다. 알아차림은 전지하다. 모든 것을 알고 있다. 모든 것을 품고 있기 때문이다. 알아차림은 전능하다. 모든 힘이다. 그보다 더 큰 힘은 없기 때문이다.

"당신이 곧 이 우주의 모습을 한 영원한 에너지이다."
— 앨런 와츠, 《의식의 본성Nature of Consciousness》

최악의 영화

영화를 보거나 텔레비전을 볼 때 스크린이 없으면 우리는 아무것도 볼 수 없다. 마음 역시 세상이라는 영화를 보기 위해 스크린이 필요하다. 그 스크린이 바로 알아차림이다.

마음이 상영하는 세상이라는 영화는 알아차림이라는 스크린의 일부이며, 곧 우리가 세상이라고 부르는 것이 궁극적으로 알아차림으로 이루어져 있다는 뜻이다. 바로 유일무이하고 무한한 알아차림, 즉 우리 자신으로 말이다. 현자들이 '우리는 하나다.' 그리고 '우리는 모든 것이다.'라고 말하는 것이 바로 그런 뜻이다. 우리는 틀림없이 모든 것이다. 우리가 곧 존재하는 모든 것의 일부인 바로 그 하나의 알아차림이기 때문이다!

"그러므로 이 모든 현상은 실제로 아무것도 아니다. 우주와 같은 알아차림이 진동하여 형태와 모양, 구조가 된 것뿐이다."
— 세일러 밥 애덤슨,《지금 이 순간의 문제가 무엇인가? What's Wrong with Right Now?》

"의식의 기본 상태는 이 모든 일이 일어나는 대기와 같으며, 그것들이 상영되는 스크린과 같다. 어느 것도 의식에 영향을 미치지 않는다. 어느 것도 의식에 가닿지 못한다."
— 잔 프레이저,《두려움이 사라질 때》

"겉모습 그대로인 것은 아무것도 없다. 당신 역시 겉모습이 전부가 아니다. 더 깊이 보고 더 깊이 느끼기만 하면 된다."
— 파멜라 윌슨

세상을 바꾸고 싶은가?

"사회의 변화는 두 번째로 중요하다. 그 변화는 인간이 스스로 변할 때 자연스럽게, 그리고 필연적으로 일어날 것이다."
— 크리슈나무르티, 1970년 산타 모니카에서 열린 '세 번째 공개 강연'에서

"알아차림이 곧 우리다. 당신은 세상을 구하러 오지 않았다. 당신은 세상을 사랑하러 왔다."
— 앤소니 드 멜로

"당신은 세상이 다르길 원한다. 당신에게 지금 이 세상을 없애고 당신이 원하는 대로 세상을 다시 만들 힘이 있다고 해보자. 전쟁도 없고, 독재자도 없고, 모기도 없고, 암도 없고, 고통도 없고, 모두가 웃는 세상으로 말이다. 당신은 결국 어떤 맛도 없는 아주 지루한 세상을 보게 될 것이다. 그래서 소금과 후추를 약간 치기 시작하다 보면 결국 세상은 원래대로 되고, 당신은 이 세상이 있는 그대로 완벽했음을 깨닫게 될 것이다!"
— 프란시스 루실,《침묵의 향기》

우리가 인간은 개별적 존재라는 믿음, 그리고 스스로 만들어낸 믿음에 집착하는 한 세상은 결코 평화로워지지 않을 것이다. 수십억 개의 에고가 언제나 갈등을 초래할 것이다. 에고는 불안정하기 때문에 결코 의견이 일치하지 않는다. 하지만 알아차림은 모든 것을 허용한다. 알아차림은 환상, 잘못된 믿음, 평화의 부재와 갈등, 고통과 전쟁을 모두 받아들인다. 오직 사랑만이 모든 것의 존재를 받아들이기 때문이다. 모든 고통으로부터의 자유는 세상의 평화에 달려 있지 않고, 당신이 자신을 개별적 인간으로 오해하고 있음을 깨닫는데, 그리고 당신이 유일무이하고 무한한 존재임을 스스로 경험하는 데 달려 있다.

"무한한 존재는 세상의 재앙에 신경 쓰지 않는다. 그 어떤 재앙에도 영향을 받지 않기 때문이다."
— 데이비드 빙엄

"세상을 곧 당신 자신으로 바라볼 때, 세상은 이를 개별적인 것으로 바라볼 때와는 완전히 달라 보일 것이다. 당신은 세상과 그 안의 모든 사람을 자신처럼 사랑하게 될 것이다."
— 레스터 레븐슨,《세도나 마음혁명》

"의식을 일깨울수록 더 많은 사랑이 샘솟을 것이다. 자기실현과 함께, 모든 것이 곧 당신이라는 깨달음도 얻을 것이며 그래서 그 어떤 것도 해칠 수 없게 될 것이다."
— 데이비드 빙엄

알아차림은 전적으로 모든 것에 '그렇다.'라고 대답한다. 알아차림은 모든 것에 있는 그대로의 자유를 허용한다. 세상과 그 안의 모든 것이 곧 우리 자신이자 세상 자체인 알아차림이기 때문이다. 이는 그 무엇도 우리와 겨룰 수 없다는 뜻이다. 어떤 재앙도 우리에게 닥칠 수 없다. 원자폭탄도 별똥별도 우리를 파괴할 수 없다. 어떤 결핍이나 한계도 우리에게 영향을 미칠 수 없다. 근본을 파헤치다보면 그 모든 것이 바로 '우리'이기 때문이다. 당신이 당신의 진정한 자아를 깨닫고, 그 알아차림으로 존재할 때 당신은 알게 될 것이다.

이 세상의 모든 일이 어떻게 보이든, 모든 일은 언제나, 언제나 다 잘될 것이라는 사실을 말이다.

11장 요약
Summary

- 우리가 진짜라고 믿는 세상, 견고하고 구체적이며 우리와 별개로 우리 바깥에 존재하는 유일한 현실이 곧 세상이라는 믿음은 환영일 뿐이다.

- 가장 깊은 수준에서 이 세상의 물질적 구조 전체와 그 안의 모든 것은 빈 공간에 지나지 않는다.

- 물질이 곧 마음이다. 형체가 있는 물질로 드러나는 모든 것은, 우리의 물질적 세계 전체와 이 우주는 사실 마음이 투사한 이미지일 뿐이다.

- 꿈의 내용과 꿈속에서의 경험은 전적으로 마음이 만든 것이고, 마찬가지로 당신이 깨어있을 때 이 세상에서 하는 경험 역시 전적으로 당신 마음 안에서 벌어지는 일이다.

- 생각을 분명한 우주로 전환하는 힘은 바로 존재하는 유일한 힘인 무한한 알아차림이다.

- 우주는 의식으로부터 나왔고, 무한한 의식은 우주와 그 안에 존재하는 모든 것의 토대이자 본질이다.

- 세상은, 우주는, 그리고 당신의 몸을 포함한 그 안의 모든 것은 알아차림 '안'에 존재한다. 그 모든 것은 알아차림의 일부이다.

- 우리가 인간은 개별적 존재라는 믿음과 자기만의 다른 믿음들에 집착하

는 한 세상은 결코 평화로워지지 않을 것이다. 수십억 개의 에고가 언제나 갈등을 초래할 것이다.

- 모든 고통으로부터의 자유는 세상의 평화에 달려 있지 않다. 그것은 당신이 자신을 개별적 인간으로 오해하고 있음을 깨닫는 것, 그리고 당신이 유일무이하고 무한한 존재임을 스스로 경험하는 것에 달려 있다.

- 알아차림은 전적으로 모든 것에 '그렇다.' 고 대답한다. 알아차림은 모든 것에 있는 그대로의 자유를 허용한다. 세상과 그 안의 모든 것이 곧 우리 자신이자 세상 자체인 알아차림이기 때문이다.

- 이 세상의 모든 일이 어떻게 보이든, 모든 일은 언제나, 언제나 다 잘될 것이다.

12장

끝은 없다

The End — There Is No End

누구나 두려워하는 한 가지 사실이 거짓이라면 어떨까? 우리가 지금까지 생각했던 죽음이 아예 존재하지 않는다면? 죽을 때 결국 깨어나는 것이라면 어떨까?

"나는 어디에서 와서 어디로 가는가? 그것이 바로 모두에게 똑같이 적용되는 불가해한 질문이다. 과학은 그 답을 모른다."
— 막스 플랑크

"몸은 죽지만 몸을 초월한 영혼은 죽음도 건드릴 수 없다."
— 라마나 마하르쉬,《라마나 마하르쉬 저작 전집》

"자신이 몸과 마음일 뿐이라고 스스로 생각한다면 그런 당신은 분명 죽을 것이다! 당신이 태어나지도 않았으며 소멸하지도 않을 알아차림임을 발견할 때 죽음에 대한 두려움은 더 이상 당신을 괴롭히지 못할 것이다. 이것이 바로 죽음의 죽음이다."
— 무지

"깨어나면, 신체적 죽음에 대한 두려움을 포함한 모든 두려움이 사라진다. 결국 드러날 '당신'의 진정한 모습은 어떤 해도 입을 수 없는 것이기 때문이다."

— 잔 프레이저,《존재의 자유》

"죽음은 당신이 아닌 모든 것을 제거한다. 삶의 비결은 '죽기 전에 죽는' 것, 그리하여 죽음은 없다는 사실을 발견하는 것이다."

— 에크하르트 톨레,《지금 이 순간을 살아라》

죽기 전에 죽는다는 것은, 당신은 그저 인간일 뿐이라는 마음의 착각을 없앤다는 뜻이다. 인간으로 존재한다는 '생각'을 그만두고 당신이 곧 무한한 알아차림임을 깨닫는다는 뜻이다. 그제야 당신은 '죽기 전에 죽으며' 진실을 발견하게 될 것이다. 죽음은 없다는 그 진실을 말이다.

"당신에게 전해 줄 엄청난 소식이 있는데, 인간이 이번 생에서 배울 수 있는 모든 것 중 가장 아름다운 것은 바로 당신은 형체가 없고, 불변하며, 결코 죽지 않는 존재라는 것이다."

— 무지,《하얀 불》

"당신, 당신의 몸과 마음, 당신이 보는 세상은 모두 똑같은 가상현실의 일부이다. … 진정한 당신은 형체 없는 의식이며, 이를 인정하는 순간 당신이 가지고 있던 다른 모든 정체성은 잠정적임을 이해하게 될 것이다. 남편, 아빠, 아들 … 그 모든 정체성은 탄생과 죽음이 있는 일시적인 정체성이며 계속

변화한다. 진짜가 아니다. … 당신의 절대적이고 유일한 정체성은 구조에
따라 어떤 실체로도 진화할 수 있는 무한하고 형체 없는 초월적 존재이다."
— 디팩 초프라 박사, 팟캐스트 '마인드바디그린'에서

"우리는 우리가 이 의식임을 잊고 스스로를 객체와 동일시해 왔다. 우리는
'나는 몸이고, 그러므로 죽을 것이다.'라고 생각한다. 하지만 의식은 몸 안
에 존재하지 않는다. 몸이 의식 안에 나타나고, 마음이 의식 안에 나타나
고, 세상이 의식 안에 나타난다. 그것이 우리의 경험이다. 그럼에도 불구하
고 우리는, 의식은 마음에 있고 마음은 몸에 있으며 몸은 이 세상에 있다
는 그 반대의 개념을 우리의 경험에 덧칠한다."
— 프란시스 루실,《침묵의 향기》

"당신은 지금 당신이 곧 몸이라고 생각하고 있으며 그래서 몸의 탄생과 죽
음을 당신 자신과 혼동하고 있다. 하지만 당신은 몸이 아니며 당신은 태어
나지도 죽지도 않는다."
— 라마나 마하르쉬,《있는 그대로》

"그래서 죽음에 대한 진짜 대답은 그것이 인간이 만들어낸 또 다른 생각이
라는 것이다. 당신이 이 물질적 세계를 믿는다면 당신은 죽음을 믿어야 하
고 탄생을 믿어야 한다. 하지만 당신은 육체로 자신을 경험하고 있는 형체
없는 존재임을 이해하라. 지금 이 순간 그 형체 없는 존재가 몸과 마음으
로 자신을 경험하고 있다."
— 디팩 초프라 박사, 팟캐스트 '마인드바디그린'에서

"당신은 당신이 태어났다는 누군가의 말을 믿었기 때문에 당신이 죽을 것임을 받아들였을 뿐이다."

— 슈리 푼자(파파지), 《그저 고요하라 The Truth Is》

"내가 존재하지 않았던 시간은 없다. 당신도 마찬가지다. … 우리의 존재가 멈춘 미래 역시 존재하지 않는다."

— 크리슈나

존재하지 않음을 상상하기는 불가능하다. 당신은 결코 존재하지 않을 수 없기 때문이다. 당신이 존재하지 않음을 상상한다면, 이는 당신이 존재하지 않음을 상상하는 알아차림일 뿐이다. 그리고 그 알아차림이 바로 당신이다!

"아기였을 때 당신은 이것은 테이블, 이것은 손이라는 사실, 혹은 당신에게 몸이 있다는 사실을 알지 못했다. 당신의 모든 경험은 … 많은 색과 감각과 이미지가 존재하지만 아직 생각은 없는, 경이로움과 혼란의 느낌만 있는 끈끈한 우주이다. 그리고 당신은 개념을 알아가기 시작한다. 나는 남자이고, 미국인이고, 인간이고, 저것은 별이고, 은하수고, 지구라는 것을 알아간다. 그것이 바로 과학적 세계관이 작용하는 방식이다. 그래서 당신은 갑자기 필터를 통해 세상을 바라보게 된다. 의식은 당신에게 물질적 세계와 신체의 경험을 주는 제한적 마음이 되었고, 의식 안에서 그와 같은 생각을 시작했기 때문에 당신은 탄생과 죽음에 대해 걱정하게 되었다. 이것이 바로 인간의 개념이다. 탄생도 없고, 죽음도 없고, 물리적 신체도 없으며 우주도 없다. 의식이 있고 의식은 무한하며 당신이 바로 그것이다."

— 디팩 초프라 박사, 팟캐스트 '마인드바디그린'에서

"불멸은 개인의 감각이 극복되는 만큼 얻어진다. … 각자의 에고를 내려놓고 우리의 진정한 자아라는 의식에 도달해야 … 불멸을 얻을 수 있다. 그리고 이는 지금 당장 이룰 수 있다."

— 조엘 골드스미스, 《인피니트 웨이The Infinite Way》

"죽음은 빛을 꺼트리지 않는다. 죽음은 단지 새벽이 왔기 때문에 램프를 끄는 것일 뿐이다."

— 라빈드라나드 타고르

죽는 사람에게는 어떨까?

"꿈을 꾼 후에 깨어나는 것과 마찬가지다. 조금도 다르지 않다."

— 나의 스승

현자들은 알아차림 혹은 의식은 결코 태어나지도 죽지도 않는다고 강조한다. 육체가 소멸해도 알아차림과 의식은 온전한 상태로 여느 때처럼 살아남는다는 뜻이다. 그제야 당신은 당신이 그저 육체가 아니었음을 깨닫는다. 육체만 없을 뿐, 온전히 깨어있는 상태로 그 전처럼 존재함을 발견할 것이기 때문이다. 알아차림은 알아차릴 육체가 필요하지 않다. 육체가 소멸하면 당신이 알아차리지 못하는 순간은 단 일 초도 존재하지 않는다. 온전히 알아차리지 못하는 순간은 일 조 분의 일 초도 없다. 당신은 육체의 존재 여부와 상관없이 무한한 알아차림의 상태로 영원히 존재한다.

"의식과 알아차림은 결코 시작된 적 없고 결코 끝나지도 않을 것이다."
— 로버트 란자 박사,《바이오센트리즘 너머Beyond Biocentrism》

"삶은 반대말이 없다. 죽음의 반대말은 탄생이다. 삶은 영원하다."
— 에크하르트 톨레,《고요함의 지혜Stillness Speaks》

아무도 죽지 않는다는 사실을 알게 되면 당신의 삶은 어떻게 달라질까? 당신과 다른 모든 사람이 하나의 영원하고 무한한 존재임을 분명히 알게 된다면 어떨까? 그 사실을 알고 그것이 진실임을 알면서 사는 삶은 어떤 모습일까?

현자들은 그 진실을 발견하면 삶이 편안해지고 빛날 거라고 말한다. 모든 경험에 완전한 즐거움과 구속 없는 사랑, 웃음이 넘친다. 매 순간이 감미롭고, 이 놀랍고 경이로운 세상에 대한 감사로 충만해진다. 인류와 살아있는 모든 것에 대한 깊은 사랑과 연민이 샘솟는다.

우리를 괴롭혔던 사람들이나 물건들에 더 이상 동요하지 않게 될 것이라고 현자들은 말한다. 모든 문제가 사라지거나, 그렇지 않으면 우리가 한때 생각했던 것만큼 심각하지 않을 것이다. 이 세상에 왔다 가는 모든 것을 마치 영화처럼 가볍게 바라볼 것이다. 우리는 형언할 수 없는 평화로 가득

찰 것이다. 어떤 일이 일어나도 우리에게, 혹은 모두에게 끝이 없다는 사실을 알기 때문이다.

'시크릿'을 발견한 후 나는 우리에게 죽음이 없다는 사실을 알게 되었다. 인과관계, 끌어당김, 카르마 등과 같이 우리의 생각과 육체적 삶을 관장하는 법칙이 존재함을 이해했고, 결국 이번 생 이상을 살아야 함을 깨달았다. 그렇지 않으면 무슨 소용이란 말인가? 어떻게 한 번의 생에서 그 모든 법칙에 숙달할 수 있단 말인가? 부처조차 500번의 삶을 살고 나서야 진정한 자기 모습을 깨달았다고 말했다. 부처도 말이다!

"당신의 개별성을 뜻하기 위해 사용하는 '나'라는 느낌은 결코 당신과 분리되지 않을 것이다. 오히려 확장된다. 당신의 지정한 모습을 발견하면, 타인이 곧 당신이고 당신이 곧 나이며, 우리는 전부 '하나'임을, 지금은 물론 언제나 유일하게 빛나는 그 무한한 존재가 곧 당신임을 이해하게 될 것이다."
— 레스터 레븐슨,《세도나 마음혁명》

아바타

"이 모든 것이 의식의 게임이다. 가면을 쓰고 사람일 뿐인 척하는 게임이다."
— 데이비드 빙엄

"순수한 알아차림의 본질은 인간의 모든 모험에서 아무것도 얻거나 잃지 않는다."
— 루퍼트 스파이어, 《사랑의 잿더미》

지구에서 산다는 것은 컴퓨터 게임에서 아바타를 가지고 있는 것과 마찬가지다. 게임에서 목숨을 잃으면 당신은 새로운 몸을 얻어 다시 게임으로 돌아간다. 게임이 끝날 때까지 아바타를 바꿔가면서 말이다. 어떤 전통에서는 인간의 삶 역시 우리가 자신의 진정한 모습인 알아차림을 온전히 깨달으면서 '게임을 끝낼' 때까지 죽을 때마다 새로운 몸을 얻어 다시 시작된다고 말하기도 한다.

우리는 많은 생을, 수백 수천 번의 삶을 살아왔을 것이다. 의식과 우주의 기쁨은 바로 그 진실을 깨닫는 것이다. 그래서 '이번' 생이 가장 중요하다!

"당신은 우주의 신성한 목적을 실현하기 위해 여기 있다. 당신은 그만큼 중요하다!"
— 에크하르트 톨레, 《지금 이 순간을 살아라》

당신은 스스로 그 진실을 깨달아야 한다. 그것은 누군가 당신에게 줄 수 있는 것이 아니기 때문이다. 어떻게 다른 사람이 당신에게, 당신을 줄 수 있다는 말인가? 당신은 이미 당신이다! 다른 사람은 오직 보아야 할 방향을 일러줄 수 있을 뿐이다. 당신은 타인의 말을 통해서가 아니라 오직 '자신의 경험'을 통해 이를 깨달아야 한다.

"당신과 세상과 우주 전체는 알아차림의 다른 모습이다. 당신과 우주는 움직이고 있는 알아차림이다."

— 디팩 초프라 박사, 팟캐스트 '마인드바디그린'에서

"기본적으로 아주 깊고 아주 거대한 당신은 존재 자체의 구조와 조직일 뿐이다."

— 앨런 와츠,《마음에서 벗어나기Out of Your Mind》

"우주가 우리 안에 있음을, 우주가 곧 우리임을, 절대 분리된 것이 아닌 완전체임을 진심으로 느낄 때, 우주와 이 세상의 모든 사건은 이 관점에 따라 펼쳐지고, 그것이 바로 진실이다. 그 진실이 이 세상의 성스러움과 신성함을 드러낸다. 영원한 기적을 드러낸다. 이는 처음에 느낌으로 경험되고, 나중에는 이 세상에서의 경험으로 확인된다."

— 프란시스 루실,《침묵의 향기》

인간에서 무한한 존재로

나의 스승은 우리가 곧 무한한 존재임을 깨닫는 것이 마음먹기에 달려 있다고 말했다. 유일한 의사결정자는 곧 당신, 즉 무한한 존재이다. 그러므로 당신의 진정한 모습을 제대로 깨닫겠다는 결심은 물을 마셔야겠다는 결심과 결코 다르지 않다. 당신은 다음과 같이 마음먹을 수 있다. '나는 나의 본성인 알아차림을 온전히 의식할 것이다. 나는 나의 소명을 다하고, 나 자신인 무한한 알아차림의 기쁨 속에서 살아갈 것이다. 나는 영원하고 파괴될 수 없는 순수한 알아차림인 나 자신을 온전히 깨닫기로 결심했다.'

"당신의 모든 결핍과 초조한 행동, 그 끔찍한 무게와 소음을 전부 가져와라. 상자에 넣고 테이프로 밀봉하라. 지금 출발해 다시 돌아오지 않을 트럭에 그 상자를 실어라. 무언가 여전히 남아있다. 그렇지 않은가? 당신이 남아있다. 당신의 존재를 느낄 것이다. 고향에 돌아온 것을 환영한다."
— 잔 프레이저,《존재의 자유》

나는 이 책을 통해 당신이 일개 인간일 뿐이라는 믿음을 버리고 무한한 존재임을 깨달을 수 있도록 방향을 제시해 주고 싶었다. 고통스러운 삶에서 더없는 평화와 행복의 삶으로 가는 길을 보여주고, 괴로움과 분노, 불안과 걱정, 모든 문제에서 자유로운 상태로, 알아차림의 지속적인 행복 안에 존재할 수 있도록 돕고 싶었다. 당신의 진정한 자아, 즉 알아차림이야말로 존재의 유일한 영속성이다. 다른 모든 것은 왔다가 가고, 나타났다가 사라지지만 당신은 결코 오지도 않고 가지도 않는 존재이다. 알아차림은 삶의 모든 경험을 매 순간 알아차리지만, 경험의 영향을 받거나 피해를 입지 않으며 경험의 모든 측면을 환영한다.

"우리는 인간 역사상 가장 흥미롭고 도전적이며 중대한 시기를 살고 있다. 너무 많은 것이 이토록 가능한 적 없었고, 너무 많은 것이 이토록 위태로운 적도 없었다."
— 피터 러셀

이 책에서 언급한 깨달은 존재들의 말을 통해 당신은 이미 깨어나기 시작했고, 당신이 여기에서 어디로 가든 그 깨달음은 결코 사라지지 않을 것이다. 과거에 마음의 환상이 정교하고 매끄러운 상태로 존재하던 자리에 지금은 찢어진 조각만 존재한다. 그 찢어진 조각들은 원래의 모습대로, 즉 당신의 마음이 무지함의 어둠 속에 존재했던 그 상태로 결코 되돌아갈 수 없다. 당신이라는 무한한 존재, 즉 알아차림은 진실이 완전히 드러날 때까지 그 환상을 계속 조각낼 것이며 당신은 마침내 당신의 진정한 자아와 다시 하나가 될 것이다.

"우리가 진정한 자아로 한 걸음 다가갈 때, 진정한 자아는 우리를 향해 아홉 걸음 다가온다."
— 레스터 레븐슨

이 책을 읽는 즉시 깨어나는 사람도 있지만, 대부분의 사람에게 깨달음을 얻는 것은 긴 여정이다. 부정적인 감정과 믿음을 내려놓고 최대한 알아차림 상태로 머무는 연습을 지속한다면, 알아차림은 당신 안에서 점차 확장될 것이다. 결국 너무 크게 확장되어 당신은 온 우주와 그 안의 모든 것이 당신 안에 들어있음을 알게 될 것이다.

이 여정에는 목적지가 없다. 어느 곳으로도 갈 필요가 없기 때문이다. 당신은 이미 당신이 찾고 있는 모든 것이다. 바로 지금, 바로 여기에서. 루퍼트 스파이러가 말했듯이, "갈 곳은 없다. 자신을 향해 한 걸음 걸어보라. 이는 불가능한 일이다."

당신이라는 무한한 존재는 지금 여기에 현존한다. 아직 이를 온전히 깨닫지 못했다면, 이는 당신의 마음이 당신은 인간일 뿐이라고 당신을 설득했기 때문이다. 하지만 지금 이 순간 그것은 변하고 있다.

"진정한 자아를 깨닫게 되면 그것이 무엇인지 모르는 상태로 결코 되돌아갈 수 없다. 하지만 개인성에 다시 매몰되기를 선택할 수는 있다."
— 데이비드 빙엄

마음을 조심하라. 마음은 당신에게 다음과 같은 말을 하려고 노력할 것이기 때문이다. "너는 이걸 원하지 않아. 늘 알아차림 상태로 있으면 얼마나 지루하겠어! 나가서 친구하고 재밌는 시간을 좀 보내자!" 물론 재밌는 것 역시 좋으며 당신의 진정한 모습 역시 즐거움을 찾는다. 알아차림인 진정한 자아로 살아가면서도 당신은 여전히 즐거울 수 있고 친구도 만날 수 있다. 사실 알아차림 상태일 때 그 어느 때보다 더 큰 즐거움을 느낄 것이다. 더 많이 웃을 것이다. 과거에 했던 모든 일을 할 것이다. 유일한 차이가 있다면 그 모든 일을 두려움과 걱정, 스트레스와 슬픔 없이 지속적인 행복과 평화 안에서 하게 된다는 것이다.

"우주 비행사가 되어 미지의 은하수를 발견했다 해도 지금 여기, 지구에서 자신의 진정한 자아를 발견하는 것만큼 위대하지는 않을 것이다."
— 무지, 《하얀 불》

지금 이 순간 당신이 느끼는 당신의 모습이 곧 무한한 존재임을 이해하길

바란다. 무한한 존재가 되기 위해 당신이 먼저 되어야 할 다른 모습은 없
다. 처음 이 사실을 깨닫기 전까지 나는 꽤 오랫동안 내 다른 모습을 찾고
있었다. 그러다 지금 이 순간 내 몸을 통해 알아차리고 있는 것이 바로 무
한한 존재임을 깨달았다.

"당신이 곧 신이다. 그렇지 않은 척하기를 그만두고 이제 신성한 삶을 살
기 시작하라."
— 파멜라 윌슨

당신은 누구인가?

"우리는 모두 어리석은 바보처럼 행동하는 신이다."
— 레스터 레븐슨

"삶의 유일한, 단 하나의 목적은 바로 우리의 진정한 모습인 완전함으로
존재하는 것이다. 그것이 우리도 모르는 우리 삶의 목적이며 우리는 그 목
적을 이루기 위해 필요하다면 어떤 장애물도 넘어뜨릴 것이다. 그 장애물
이 결혼, 집, 사랑하는 사람들, 심지어 자신의 몸이라 해도 말이다."
— 나의 스승

결혼생활이 끝났을 때, 사랑하는 사람을 잃거나 삶이 뜻대로 펼쳐지지 않
을 때, 우리는 커다란 고통을 느끼겠지만 삶이 도대체 무엇인지 궁금해지

기 시작하는 것은 종종 그 고통을 통해서이다. 깨달음을 얻은 현자들은 어마어마한 고통을 통과하며 삶에 대한 심도 깊은 질문을 스스로에게 던졌고 결국 그 고통을 통해 자신의 진정한 모습에 대한 진실을 찾을 수 있었다.

고통의 한가운데서는 그 고통이 놀라움으로 이어질 것이라고 생각하는 것조차 어려울 수 있지만, 실제로 그 고통이 많은 이들을 자신의 진정한 자아라는 낙원으로 곧장 이끌었다.

"고통은 어떻게 평화를 향한 문이 되는가. 괴로움은 어떻게 그 끔찍한 무게를 온전히 받아들일 때 활짝 열리는 문이 되는가. … 우리가 평화를 가로막는다고 생각했던 것들이 사실은 평화에 이르는 창이며, 그 창 너머에 있는 것이 바로 평화로운 우리 모습이다. 이를 이해하지 못하면 장애물은 계속 다가올 것이다. 자석에 철 가루 달라붙듯 우리가 장애물을 끌어당길 것이다. 인간은 얼마나 강력한 존재인가. 그리고 우리는 그에 대해 어떻게 이토록 무지한가. 알지 못함이 바로 무엇보다 더 큰 장애물이다."
— 잔 프레이저,《두려움이 사라질 때》

하지만 이제 당신도 알고 있다.

"당신은 영원히 당신 자신이다. 나머지는 오직 꿈이다. 이것이 바로 진정한 자기 발견을 깨어있음이라고 부르는 이유이다."
— 무지

'오직 꿈일 뿐이다.'라는 말은 당신이 보고 경험하는 모든 것의 진실이다. 그렇다고 어떤 사람이 어려운 상황에 처해 힘들어할 때 전혀 연민을 느끼지 말라는 말은 아니다. 하지만 진실을 알고 있다면 당신이 내뿜을 고요함과 평화가 그들을 감싸고 그들을 위로하고 아무 말 없이도 그들에게 전해질 것이다. 어떤 상황에서도 모든 일은 잘될 것이라는 사실을 알고 있다면 당신은 마침내 모든 부정적 감정에서 자유로워지고, 당신의 현존 자체가 타인의 고통에 엄청난 위로가 될 것이다. 무한한 알아차림으로 온전히 살아가고 있는 한 사람이 수천 명의 부정성을 상쇄한다고 한다. 그것이 바로 알아차림이라는 순수한 사랑의 힘이다.

"당신은 육체 안에 존재하는 신이다. 육신을 입은 영혼이다. 당신이라는 형상으로 모습을 드러낸 영원한 생명이다. 광활한 존재이다. 완전한 힘이요, 완전한 지혜이고, 완전한 지능이며, 완전한 웅장함이다."
—《시크릿》

당신은 지구라는 행성과 태양, 별, 은하계, 그리고 우주를 품고 있는 광대한 알아차림이다. 당신은 존재의 토대이다.

"당신은 왼쪽이나 오른쪽, 혹은 바깥으로 나가려고 계속 노력하지만 모든 것에 대한 답은 바로 당신의 진정한 모습이다. 그리고 이 세상의 모든 것은 당신에게 자신으로 돌아가라고 말한다."
— 나의 스승

"아무것도, 그 누구도 당신을 완성할 수 없다. 당신은 이미 온전하며 지금 여기에 있는 그 모습 그대로 완벽하다."
— 헤일 도스킨

"맹세코, 당신의 아름다움을 본다면 당신은 자신의 우상이 될 것이다."
— 루미

"당신이 해야 할 일은 당신이 이미 가지고 있는 것을 발견하는 것뿐이다. 그래서 그것을 '깨달음'이라고 부른다. 당신은 그것이 거기 있음을, 계속 거기 있었음을 깨닫기만 하면 된다."
— 잔 프레이저, 《두려움이 사라질 때》

인류는 지구라는 행성에 자리 잡고 살아오는 동안 똑같은 질문 세 가지를 던져왔다. 나는 누구인가? 나는 어디서 왔는가? 나는 어디로 가는가? 이 세 가지 질문에 대한 답은 하나다. 바로 알아차림이다.

"모든 존재는 축복 속에서 태어난다. 축복 속에서 살고, 축복으로 되돌아 간다."
— 타이티리야 우파니샤드

한 번도 떠난 적 없는, 집으로 돌아온 것을 환영한다. "아무것도 걱정하지 말라. 당신은 우연히 여기 있는 것이 아니다. 이 형태는 잠시 입고 있는 복장일 뿐이다. 하지만 그 복장 안에 있는 이, 그는 영원하다. 당신은 이를 알아야 한다. 이를 알고, 이를 믿으면 당신은 그 무엇도 걱정할 필요가 없다."
— 무지,《하얀 불》

"나에게 일어났던 일이 당신에게도 일어날 수 있다. 당신의 하루가 어떻게
펼쳐지든 상관없이 자유로워지는 것이, 고통을 끝내는 것이, 매일 따뜻한
기쁨의 강이 흘러넘치는 것이 불가능하다고 믿을 수도 있다. 하지만 나는
지금 그것이 가능하다고 당신에게 말하기 위해 여기 있다."
— 잔 프레이저,《두려움이 사라질 때》

마음을 가라앉히면, 모든 것을 알고 있는 당신이라는 무한한 존재가 전면
에 나설 것이다.

"당신의 진정한 모습인 의식 – 알아차림으로 영원히 존재할 때, 당신은 모
든 질문에 대한 답을 찾을 것이고, 당신의 모든 욕구는 충족될 것이다."
— 나의 스승

모든 것이 완벽하게 명확해질 것이다. 다시는 혼란스러움이나 불확실함으
로 고통받지 않을 것이다.

"우리는 직관intuition으로 완벽하게 기능하도록 되어 있다. 당신 자신인 직
관으로 행동하기 시작하는 순간 당신의 삶은 아름다워질 것이다."
— 나의 스승

바로 지금 이 순간, 당신의 모든 고통이 끝날 수 있다. 알아차림이 고통에서 빠져나오는 길이다. 알아차림은 불멸의 열쇠이자, 웃음과 기쁨, 순수한 충만함, 아름다움과 축복이 가득한 삶 자체이다.

"진실을 발견한 한 사람의 빛이 수천 년 동안 인류에게 빛을 밝혀주었다. 그것이 바로 자신의 진정한 모습을 깨달은 이의 힘이다."
— 무지

"살아있는 동안 널리 알려지지 않았지만 그럼에도 불구하고 영원히 위대한 영향을 미치는 이들이 있다. 역사의 기록에 남지 않은 사람도 많다. 그들은 비록 잊혀졌지만 그들이 세상에 남긴 지성과 사랑은 여전히 우리에게 영향을 미친다. 우리가 세상에 남길 수 있는 진정한 선물은 사랑과 투명함의 원천이 되는 것이며, 그 원천이 되기 위해서는 자신에 대해 깊이 알아야 함을 인식하는 것이다."
— 프란시스 루실,《진실 사랑 아름다움》

"오직 사랑밖에 없는 한 사람이 이 세상 전체에 대항할 수 있다. 사랑은 그만큼 강력하기 때문이다. 그 사랑은 바로 '진정한 자아'이다. 그 사랑이 곧 신이다."
— 레스터 레븐슨,《세도나 마음혁명》

완벽함을 위한 원천은 오직 하나이며 그 원천은 바로 당신이다! 이 세상 어디에서든 사랑을 보면 그것이 곧 당신임을 깨달아라. 아름다운 석양을 마주하면 당신이 보는 그 아름다움이 곧 당신임을 기억하라. 이 세상 어디서든 행복을 느끼면 그것이 바로 당신임을 인식하라. 웃음이 있는 곳에 당신이라는 무한한 기쁨이 빛나고 있음을 알아라. 이 세상의 무수한 삶의 형태라는 장관을 보게 되면 그것에 숨을 불어넣는 생명이 곧 무한한 존재이며, 바로 당신임을 기억하라. 현존하는 유일한 존재는 오직 하나뿐인 무한한 존재, 진정한 자아, 순수한 의식-알아차림이다. 바로 당신이다.

결국 당신 삶의 모든 순간과 모든 상황은 당신에게 집으로, 곧 알아차림으로 돌아가는 길을 알려준다. 삶에서 무엇이 당신을 괴롭힐 때 그것은 반드시 당신이 잘못된 방향으로 가고 있다고, 진실이 아닌 것을 믿고 있다고 일러주는 경종이다. 우리는 돌아온 탓이다. 우리는 가끔 비틀거리고, 멍이 들고, 두들겨 맞고, 두려워하고, 고통받고, 수없이 고꾸라지지만 결국 깨닫고, 알고, 기억하게 될 것이다. 우리의 진정한 모습, 즉 영원한 알아차림을, 그리고 그 누구에게도 끝은 없음을 말이다.

이것이 바로 오직 소수만 알고 있던 가장 단순하지만 놀라운 진실이다. 이것이 바로 그 위대한 비밀이다.

끝이 아니다

12장 요약
Summary

- 우리가 생각하는 그런 죽음은 없다. 몸은 죽지만 영혼은 죽음도 건드릴 수 없다.

- 죽기 전에 죽는다는 것은, 당신은 그저 인간일 뿐이라는 마음의 착각을 없애고 당신이 곧 무한한 알아차림임을 깨닫는다는 뜻이다.

- 육체가 소멸해도 알아차림과 의식은 온전한 상태로 여느 때처럼 살아남는다.

- 진실을 알게 되면 삶은 빛이 되고 편안함으로 가득 찰 것이다. 일어나는 모든 일에 완전한 즐거움과 구속 없는 사랑, 웃음이 넘친다. 인류와 살아 있는 모든 것에 대한 깊은 사랑과 연민이 샘솟는다.

- 당신의 진정한 자아야말로 존재의 유일한 영속성이다. 다른 모든 것은 왔다가 가고, 나타났다가 사라진다.

- 지구에서 산다는 것은 컴퓨터 게임에서 아바타를 가지고 있는 것과 마찬가지다. 인간의 삶 역시 우리가 자신의 진정한 모습인 알아차림을 온전히 깨달으며 '게임을 끝낼' 때까지 죽을 때마다 새로운 몸을 얻어 다시 시작된다.

- 진정한 자아로 살아갈 때 당신은 그 어느 때보다 더 큰 즐거움을 느낄 것

이다. 당신은 과거에 했던 모든 일을 할 것이다. 유일한 차이가 있다면 그 모든 일을 지속적인 행복과 평화 안에서 하게 된다는 것이다.

- 삶의 유일한 목적은 바로 우리의 진정한 모습인 완전함으로 존재하는 것이다.

- 고통을 통해 우리는 삶이 무엇인지 궁금해하기 시작한다. 실제로 많은 이들이 그 고통을 통해 자신의 진정한 자아라는 낙원에 도달했다.

- 어떤 상황에서도 모든 일은 잘될 것이라는 사실을 알고 있다면 당신은 마침내 모든 부정적 감정에서 자유로워진다. 그리고 당신의 현존 자체가 타인의 고통에 엄청난 위로가 될 것이다.

- 알아차림이 고통에서 빠져나오는 길이다. 알아차림은 불멸의 열쇠이자, 웃음과 기쁨, 순수한 충만함, 아름다움과 축복이 가득한 삶 자체이다.

- 이 세상 어디에서든 사랑을 보면 그것이 곧 당신임을 깨달아라.

- 삶에서 무엇인가 당신을 괴롭힌다면 이는 당신이 잘못된 방향으로 가고 있다고, 진실이 아닌 것을 믿고 있다고 일러주는 경종이다.

- 우리는 결국 우리의 진정한 모습, 즉 영원한 알아차림을 깨닫고, 알고, 기억하게 될 것이다.

위대한 시크릿 훈련하기
The Greatest Secret
Practices

확언 :

"나는 나의 본성인 알아차림을 온전히 의식할 것이다.
나는 나의 목적을 완수하고 나 자신인 무한한 알아차림의 기쁨으로 나의
삶을 살아갈 것이다. 나는 나 자신인 영원하고 불멸한 순수한 알아차림이
되기로 결심했다."

• 알아차림 훈련
  1단계 : '나는 알아차리고 있는가?'라고 자문하라.
  2단계 : 알아차림을 주목하라.
  3단계 : 알아차림에 머물라.

• 하루에도 몇 번씩 알아차림에 주목함으로써 알아차림에 집중하라.

• 하루에 적어도 5분씩 알아차림에 관심을 둬라. 아침에 눈을 떴을 때, 잠
  자리에 들 때, 혹은 당신에게 알맞은 어느 때라도 좋다.

- 모든 부정적인 감정에 대해 다음과 같이 질문하라.
  "내가 그 감정인가 아니면 그 감정을 알아차리는 주체인가?"

- 어떤 부정적인 생각이나 고통스러운 신체의 감각에 대해서도 같은 질문을 사용할 수 있다.
  ("내가 그 생각 혹은 감각인가 아니면 그 생각 혹은 감각을 알아차리는 주체인가?")

- 수퍼 훈련
  1단계 : 모든 부정적인 것을 환영하라.
  2단계 : 알아차림 상태에 머물라.

- 다음과 같이 자문하라 :
  "내가 고통받는 사람인가, 아니면 그 고통을 알아차리는 사람인가?"
  당신은 고통받는 사람이 아니라 그 고통을 알아차리는 사람이라는 것이 진실이다.

- '나는 믿는다.' 혹은 '나는 믿지 않는다.'라고 말하는 순간을 감지하라. 그 다음에 나오는 말이 곧 믿음이다.

- '나는 생각한다.' 혹은 '나는 생각하지 않는다.'라고 말하는 순간을 감지하라. 그다음에 나오는 말 역시 믿음을 드러내줄 가능성이 높다.

- 믿음을 더 잘 알아차릴 수 있도록 잠재의식에 이를 강조하라고 지시할 수 있다.

"나의 믿음을 하나씩 분명하게 보여줘. 내가 전부 알아차릴 수 있도록."

- 믿음을 찾아내기 위해서는 반응에 주목하라.

- 모든 저항의 감정을 환영하라.

- 모든 집착 혹은 문제에서 벗어나기 위해서는 이를 환영하고 그저 알아차림 상태로 머물러라.

- 행복하지 않다면 행복이 아닌 모든 감정을 환영해야 한다는 사실을 기억하라. 그리고 그 감정을 바꾸거나 없애려 하지 말고 그저 존재하도록 내버려두어라.

- 알아차림은 전적으로 모든 것에 '그렇다.'고 대답한다. 알아차림은 모든 것에 있는 그대로의 자유를 허용한다. 세상과 그 안의 모든 것이 곧 그 자체로 알아차림이기 때문이다.

- 지금 이 순간에 존재하라. 알아차림은 지금 이 순간에만 인지할 수 있기 때문이다.

"당신에게 무슨 일이 생기든,
이 이유 없는 기쁨이 계속될 것이다."

— 잔 프레이저

위대한 시크릿의 스승들

Featured in
The Greatest Secret

이 책에 등장하는 비범한 스승들과 같은 시대, 같은 행성에서 살아간다는 것은 크나큰 행운이며 나는 그 사실에 엄청난 감사를 느낀다. 그 모든 스승이 '우리'의 자유와 '우리'의 행복을 위해 자신의 삶을 바쳤다. 수많은 이들이 수십 년째 그 일을 해오고 있다. 그들 중 한 명과 함께 할 기회가 있다면 당신 역시 그들이 뿜어내는, 당신의 본성을 비춰주는 그들의 어마어마한 사랑과 기쁨을 느낄 수 있을 것이다. 그러니 그들을 직접 만나볼 기회가 있다면 절대 놓치지 말라! 직접 만날 수 없다면 대안으로 온라인 라이브를 찾아보는 것도 좋다.

우리의 본성을 깨닫는 것이 그 어느 때보다도 쉬워졌다. 우리 개개인 모두가 완전한 깨달음을 얻는 것도 가능하다. 미래에는 이만큼 쉽지 않을지도 모르니 할 수 있다면 지금 이 시대를, 지금 당신의 삶을, 그리고 영감을 주는 모든 스승을 최대한 누려라.

세일러 밥 애덤슨 Sailor Bob Adamson

세일러 밥은 호주 사람이며 내 고향인 멜버른에 살고 있다. 나는 우리의 진정한 모습에 대한 진실을 깨닫고 난 뒤인 2016년 초에야 밥에 대해 알게 되었다. 나는 당시 미국에 살고 있었지만 오래전 멜버른에 살며 출퇴근할 때마다 세일러 밥의 집을 매일, 매년 지나다녔다. 하지만 그때는 스스로 깨달음을 얻은 스승이자 언젠가 내 삶에 꼭 필요한 역할을 하게 될 누군가의 집을 지나다니고 있는 줄은 꿈에도 몰랐다. 2016년, 세일러 밥에 대해 알게 되자마자 나는 즉시 비행기를 타고 그를 만나러 갔다. 나는 당시 80대였던 그의 모임에 몇 차례 참석했고 그와 단둘이서 만나기도 했다. 세일러 밥을 볼 때마다 나는 더 가볍고, 더 행복하고, 더 자유롭다고 느꼈다. 나는 영적 깨달음의 초기 단계에 있었고 그가 내게 해주는 말을 전부 이해할 수는 없었지만, 지금은 그의 모든 말이 아주 분명하게 다가온다. 세일러 밥은 니사르가닷따 마하라지의 제자로 오래전 인도에서 자신의 본성을 깨달았다. 그때부터 밥은 진실을 알고자 하는 사람이라면 누구나 집으로 초대에 가르침을 전파했다. 이제 90대가 된 그는 여전히 집에서 모임을 열고 있다. "그것에 대해 생각하지 않으면 어떤가요?"라는 그의 질문은 지금껏 가장 단순하면서도 심오한 질문 중 하나다. 세일러 밥의 저서로는《지금 이 순간의 문제는 무엇인가?》,《현존-알아차림 Presence-Awareness》이 있다. 그에 대해 더 알고 싶다면 sailorbobadamson.com을 참조하라.

줄리안 바버Julian Barbour

영국의 물리학자 줄리안 바버는 세 권의 책을 집필했다. 시간은 환상이라는 개념을 파헤친《시간의 끝The End of Time》, 뉴턴의 발견의 배경을 탐구한《역학의 발견The Discovery of Dynamics》, 그리고 여든세 살에 집필을 완성한 마지막 책《야누스 포인트The Janus Point》이다. 그의 웹사이트는 platonia.com이다.

데이비드 빙엄David Bingham

영국인 데이비드 빙엄은 영적 탐구로 수십 년을 보내며 스승 존 윌러의 팟캐스트를 듣고 자신의 진정한 모습을 깨달았다. 데이비드는 컨셔스TV와의 인터뷰에서 자아실현에 대한 자신의 경험을 나누었는데 그 인터뷰가 바로 나의 깨달음의 시작이었다. 나는 그 인터뷰를 보고 데이비드가 들었던 팟캐스트를 따라 들었고 그 후 전화 통화로 데이비드에게 상담을 받았다. 그는 내가 알아차림을 경험하고 나의 진정한 모습에 대한 진실을 찾을 수 있도록 도와주었으며 여전히 많은 사람이 자신의 본성을 깨달을 수 있도록 돕고 있다. 컨셔스TV에서 진행한 데이비드의 인터뷰는《비이원성에 관한 대화Conversations on Non-duality》라는 책에도 실려 있으며, 그의 더 많은 가르침이 궁금하다면 그의 웹사이트 nonconceptualawareness.com을 참조하라.

디팩 초프라 박사Deepak Chopra™, M.D. 미국 내과학회 회원

내분비전문의 디팩 초프라 박사는 인도와 미국을 넘나들며 깨달음의 여정을 이어왔고 서양의학에 환멸을 느낀 후 통합 대체의학으로 건너갔다. 1995년 초프라 행복센터를 설립했고, 이는 나중에 전 세계적으로 수백만 사람들에게 행복의 동기를 부여해 주는 통합 의학 회사 초프라 글로벌로 발전했다. 그는 90권 이상의 책을 집필했으며 다수가 베스트셀러가 되었다. 나는 몇 년 전 과학과 비이원성SAND 컨퍼런스에서 그의 강연을 처음 듣고 강연이 끝난 후 벌떡 일어나 우레와 같은 박수를 쳤다. 디팩 초프라 박사의 광범위한 가르침에 대해 더 알고 싶다면 deepakchopra.com을 참조하라.

앤소니 드 멜로Anthony de Mello, S.J.

고故 앤소니 (토니) 드 멜로는 인도 봄베이에서 태어난 예수회 수사였다. 55년이라는 짧은 생을 살다 갔지만 그의 가르침은 오늘날에도 우리 곁에 살아있다. 서양과 동양의 영성을 결합시킨 토니의 독보적인 능력 덕분에 그의 가르침은 영감을 얻고 변화를 불러오는 훌륭한 원천이 된다. 그는 가톨릭이나 기독교인들을 대상으로 성경의 의미를 밝혀주는 강연을 주로 했으며 뛰어난 스토리텔링 능력으로 사람들이 진실에 눈 뜰 수 있도록 도와주었다. 그의 저서들은 그의 육체가 세상을 떠난 1987년 이후로 계속하여 베스트셀러 자리를 지키며 수백만 권이 팔렸다. 《사랑으로 가는 길》, 《하느님께 나아가는 길Sadhana, A Way to God》, 《일 분 지혜One Minute Wisdom》, 《일곱 봉지 속의 지혜Heart of the Enlightened》, 《샘Wellsprings》, 《종교 박람회Song of the Bird》, 《비행Taking Flight》 등이 있으며 내가 가장 좋아하는 입문서는 《알아

차림》,《깨침과 사랑》이다. 영상 자료도 있으며 목소리에는 웃음이, 마음에
는 사랑이 가득 담긴 토니의 가르침을 듣는 것은 언제나 즐거운 일이다.
훌륭한 스승 토니의 웹사이트는 demellospirituality.com이다.

헤일 도스킨 Hale Dwoskin

헤일 도스킨은 전설의 레스터 레븐슨의 제자이며 후계자로,《시크릿》에
등장했던 스승 중 한 명이다. 헤일은 세도나 메서드를 통해 레스터의 업적
을 계승하는 데 일생을 바치며 사람들이 자신의 본성을 깨닫는 데 도움을
주어왔다. 세도나 메서드의 성공은 많은 이들의 삶의 변화로 증명되었다.
헤일은 정기적으로 수련회를 이끌며 부정성을 내려놓고 자신의 진정한 자
아를 깨달을 수 있는 훈련을 제공한다. 내 여정의 많은 부분도 바로 그 내
려놓음이었다. 헤일과 레스터의 모든 가르침은《세도나 메서드》와《세도
나 마음혁명》에서 찾아볼 수 있으며, 헤일은 거주지인 미국을 비롯해 전
세계에서 해마다 몇 차례씩 수련회를 이끌고 있다. 그의 강연과 화상 면담,
수련회는 전 세계에서 온라인으로 참여할 수 있고 나 역시 온라인으로 많
은 행사에 참여했다. 그 훌륭한 자료들은 전부 헤일의 웹사이트 sedona.
com에서도 살펴볼 수 있다.

피터 드지우반 Peter Dziuban

피터 드지우반은 알아차림, 의식, 영성에 관해 저술하고 강연한다. 미국에
서 태어나 아리조나에 살고 있다. 나는 나의 스승이 추천해 준 책《의식이

전부다》를 읽고 그에 대해 알게 되었다. 그 책을 읽고 바로 피터의 몇 시간
짜리 강연이 포함된 오디오북까지 들었다. 《의식이 전부다》는 숨이 멎을
만큼 통찰이 가득한 놀라운 책이다. 책을 읽다 보면 정말로 몇 번이나 숨이
멎을 것처럼 느껴질 것이다. 그 책을 읽을 수 있다는 건 정말 감사한 일이
다. 나의 세계를 산산이 부수었기 때문이다. (좋은 일이다!) 한 발 더 나아
갈 준비가 된 독자들이라면 반드시 읽어보길 권한다. 하지만 아직 초보자
로 피터의 가르침을 더 간략하게 살짝 엿보고 싶다면, 그의 책《단순하게
알아차리기》를 먼저 읽어보기를 권한다. 그의 웹사이트는 peterdziuban.
com이다.

잔 프레이저 Jan Fraizer

잔 프레이저는 저술가이자 교사, 엄마로 2003년에 의식의 급격한 변화를
경험했다. 그녀는 수년 동안 암에 걸릴지도 모른다는 극도의 공포 속에서
살다가 갑자기 두려움이 사라졌고, 그때부터 지금까지 이유 없는 기쁨의
상태로 살고 있다. 그리고 고통에서 자유로운 풍요로운 삶이 가능함을 발
견했다. 이제 그녀의 바람은 모든 사람 안에 있는 그 진실을 널리 알리는
것이다. 나는 운 좋게도 잔과 개인 면담을 할 수 있었고 그녀가 쓴 아름
다운 책을 전부 읽었다.《두려움이 사라질 때》는 그녀가 어떻게 깨달음을
얻었는지에 대한 매일의 기록이다. 다른 책으로는 《존재의 자유》,《놀라
운 기쁨》,《문을 열며》가 있다. 이 책에 인용한 문구에서도 알 수 있듯이 잔
은 이해하기 쉬우면서도 우아하고 아름다운 글을 쓰며 고맙게도 이 책에
인용하는 것을 허락해 주었다. 잔의 가르침에 대해서는 그녀의 웹사이트

janfrazierteachings.com을 참조하라.

조엘 골드스미스Joel Goldsmith

조엘 골드스미스는 많은 사랑을 받는 미국의 영적 저술가이자 신비주의
자이다. 그는 나를 비롯한 전 세계 수많은 이들의 삶에 영향을 끼친 고전
《인피니트 웨이》의 저자로 가장 유명하다. 그밖에도 많은 책을 집필했
고 그의 강연 원본은 그의 웹사이트 joelgoldsmith.com에서 찾아볼 수
있다.

데이비드 R. 호킨스 박사Dr. David R. Hawkins, M.D., PH.D.

호킨스 박사는 전국적으로 유명한 미국의 정신과 의사, 내과 의사, 연구
원, 영적 지도자, 강연자다. 과학과 의학에 대한 배경 때문에 그의 영적 가
르침은 과학적으로도 설득력이 있다. 나는 15년 전《의식혁명Power vs Force》
을 읽고 그에 대해 알게 되었으며, 그 책은 내게 엄청난 영향을 끼쳤다. 그
리고 몇 년 후, 그의 강연을 듣고 그의 책《놓아 버림》을 읽으면서 다시 한
번 그의 가르침을 접하게 되었다. 데이비드 R. 호킨스 박사의 다른 책으로
는《치유와 회복Healing and Recovery》,《현대인의 의식 지도Reality, Spirituality and
Modern Man》,《의식 수준을 넘어서Transcending the Levels of Consciousness》,《내 안의
참나를 만나다Discovery of the Presence of God》,《진실 대 거짓Truth vs Falsehood》등
이 있다. 그는 다작을 하는 작가이자 강연자, 교사로 전 세계 수많은 사람
에게 영향을 미치고 있다. 그의 육체는 2012년에 소멸되었지만 그의 아
내 수잔이 그의 소중한 가르침을 이어 전하고 있다. 그의 영적인 가르침과

작업에 대해서는 그의 웹사이트 veritaspub.com을 참조하라.

마이클 제임스Michael James

마이클 제임스는 어렸을 때부터 궁금한 것이 많았고 열아홉 살에 삶의 의미를 찾아 전 세계를 떠돌기 시작했다. 많은 나라를 여행하다 결국 히말라야와 인도에 정착했고, 삶의 목적과 의미를 찾아 신성한 장소들과 여러 군데의 아쉬람(수행자들이 수련하며 기거하는 초막)을 찾아다녔다. 결국 인도 티루반나말라이에 있는, 이미 몇십 년 전에 세상을 떠난 라마나 마하르쉬의 아쉬람에 도착했고, 며칠만 머물 생각이었으나 결국 20년을 머무르게 되었다. 그는 도착해서 라마나의 책《나는 누구인가?Who Am I?》를 읽고 마침내 자신이 찾고 있던 것을 발견했음을 깨달았다. 그는 라마나 마하르쉬의 가르침을 번역하기 위해 타밀어를 배우기 시작했고, 그 후로 20년 동안 그 작업에 매진했다. 나는 컨셔스TV의 인터뷰를 통해 그를 처음 알게 되었고 라마나의 가르침을 훌륭하게 요약한 그의 역작《행복과 존재의 기술》을 읽었다. 마이클의 웹사이트는 happinessofbeing.com이다.

바이런 케이티Byron Katie

두 번의 결혼, 세 자녀, 성공적인 커리어로 미국에서 평범한 삶을 살던 바이런 케이티는 우울증, 광장공포증, 자기혐오, 자살 충동에 빠져 힘든 10여 년을 보냈다. 절망 속에서 정신질환자들을 위한 시설에 제 발로 들어갔던 그녀는 약 일주일쯤 후 모든 우울과 두려움이 사라진 상태로 눈을 떴다.

그렇게 기쁨에 취한 상태로 지금까지 살고 있다. 그녀는 자기 생각을 믿을 때 고통받았고 그 생각에 의문을 제기했을 때 고통이 사라졌으며 이는 모든 인간에게 마찬가지임을 깨달았다. 그런 자아실현의 경험을 통해 케이티는 네 가지 질문('The Work')을 개발했다. 그 가르침은 전 세계 수많은 이들을 고통에서 자유롭게 해주고 있다. 나 역시 그 가르침을 통해 내 생각에 의문을 제기했고, 네 가지 질문을 통해 자신의 믿음에서 자유로워질 수 있도록 도와주는 케이티의 강연에 운 좋게 몇 차례 직접 참여할 수 있었다. 케이티의 책으로는《네 가지 질문》,《당신의 아름다운 세계》,《기쁨의 천 가지 이름》,《사랑에 대한 네 가지 질문》,《다정한 우주A Friendly Universe》가 있으며, 어린이들을 위한《호호야 그게 정말이야? Tiger-Tiger-Is It True?》가 있다. 그녀의 아름다운 가르침에 대해 더 알고 싶다면 thework.com을 참조하라.

로크 켈리 Loch Kelly

로크 켈리는 지혜의 가르침, 심리학, 신경 과학을 통합해 우리가 깨어있는 삶을 살 수 있도록 돕는다. 그는 여러 전통과 스승을 찾아다니며 영적 수행을 한 후 자신의 본성을 깨달았다. 그리고 엄청난 기쁨과 자유, 사랑을 얻은 자신의 경험을 나누고 인간의 자연스러운 다음 단계인 깨달음에 도달할 수 있도록 돕는다. 저서로는《자유로의 전환》,《수월한 마음챙김의 길 The Way of Effortless Mindfulness》이 있다. 더 많은 가르침과 수련회, 온라인 영상과 강의들은 로크의 웹사이트 lochkelly.org를 참조하라.

크리슈나무르티 J. Krishnamurti

고故 크리슈나무르티는 1895년 인도에서 태어났고 어렸을 때부터 자신의 본성이 무엇인지 알고 있었다. 그는 지금껏 가장 위대한 사상가이자 종교 지도자 중 한 명으로 널리 알려져 있다. 내 전남편이 결혼생활 내내 크리슈나무르티의 강연을 들었기 때문에 나는 20대와 30대 내내 그의 가르침에 노출되어 있었다. 하지만 나는 《시크릿》 이후 나의 영적 여정을 시작한 후에야 그의 가르침을 제대로 이해할 수 있었다. 이 책에 등장하는 많은 스승 역시 크리슈나무르티 가르침의 영향을 받았다. 그는 저술가, 과학자, 철학자, 종교 지도자, 교육자 등을 포함한 전 세계의 대중들에게 인류의 근본적인 개혁이 필요함을 설파하며 일생을 보냈다. 그는 모든 인류에 대한 걱정으로 어떤 신념이나 국적도 갖지 않았고, 어떤 집단이나 문화에도 속하지 않았다. 크리슈나무르티는 강연, 저술, 토론, 텔레비전 및 라디오 인터뷰, 편지 등의 형태로 방대한 자료를 남겼다. 그중 많은 내용이 책으로 출간되어 50개 이상의 언어로 번역되었으며, 수백 편의 음성과 영상 기록도 남아있다. 크리슈나무르티가 남긴 소중한 자료들을 보고 싶다면 jkrishnamurti.org를 참조하라.

로버트 란자 박사 Dr. Robert Lanza, M.D.

로버트 란자 박사는 응용 줄기세포 생물학의 아버지로 불린다. 방대한 양의 저술 작업을 병행하며 《바이오센트리즘》을 비롯한 30권 이상의 과학 서적을 집필했다. 란자 박사는 《바이오센트리즘》에서 의식이 단순한 우주의 부산물이 아니라 우주의 기초임을 강력하게 주장한다. 이 책의 내용에 대한 그의 과학적 관점이 궁금하다면《바이오센트리즘》에서 모든 의문에 대한 답을 찾을 수 있을 것이다. 란자 박사는 〈타임〉 지가 선정한 '세계에서 가장 영향력 있는 100인'과 〈프로스펙트 매거진〉의 '세계 사상가 50인'에도 선정되었다. 란자 박사는 개혁을 추구하는 천재적인 사상가로 아인슈타인에 비유되기도 한다. 그의 훌륭한 업적에 대해 더 알고 싶으면 robertlanza.com을 참조하라.

피터 로리와 칼랴니 로리 Peter Lawry and Kalyani Lawry

피터와 칼랴니 로리 부부는 호주 사람으로 나의 고향 멜버른에 거주하고 있다. 두 사람은 수년에 걸친 치열했던 영적 여정과 인도 여행을 통해 자신들의 본성을 깨달았다. 부부가 함께 자아를 깨닫는 경우는 드문 일이었기에 이들이 멜버른에서 개최하는 모임은 매우 특별했다. 몇 년 전 멜버른을 방문해 두 사람과 함께 보낸 오후는 내 인생의 변곡점이 되었고 운 좋게도 나는 칼랴니와 개인 전화 상담도 할 수 있었다. 칼랴니가 쓴 이들 부부의 책으로는《보석의 반짝임》,《오직 그것Only That》이 있다. 두 사람에 대한 더 자세한 내용은 nonduality.com.au를 참조하라.

레스터 레븐슨 Lester Levenson

전설의 레스터 레븐슨. 레스터 레븐슨은 진실의 빛을 통과하며 병든 몸을 기적적으로 치유한 산 증인이다. 그는 '몸의 질병은 마음의 질병'이라고 말했다. 레스터는 수천 명의 사람에게 영감을 주었으며, 그의 가르침은

1990년대 그가 육체적으로 사망한 후에도 많은 이들이 고통에서 벗어날 수 있도록 돕고 있다. 레스터의 가르침은 단순하고 명확하며, 그렇기 때문에 앞으로도 수 세기 동안 많은 이들에게 깨우침을 줄 것이다. 레스터는 깨달음을 얻은 훌륭한 제자들을 남겼으며 이제 그들이 레스터의 빈자리를 채우고 있다. 그중 한 명이 레스터의 업적을 지켜나가고 있는 헤일 도스킨이며 그 덕분에 레스터의 단순하면서도 훌륭한 가르침을 이 책에서 나눌 수 있었고, 그 점에 대해 매우 감사한다. 레스터의 가르침은 내 삶에서 큰 부분을 차지했으며 이는 지금도 마찬가지다. 이 책에서 나눈 레스터의 말은 대부분 레스터 레븐슨과 헤일 도스킨의 책《세도나 마음혁명》에서 발췌한 것이다. 영원한 스승 레스터의 훌륭한 가르침에 대해 더 알고 싶다면 sedona.com을 참조하라.

프란시스 루실 Francis Lucille

프랑스에서 태어난 프란시스 루실은 현재 미국에 살고 있다. 프란시스는 서른 살에 스승 장 클라인을 만나 가르침을 얻으며 자신의 본성을 깨달았다. 그 깨달음을 다른 사람과 나누라고 미국으로 이주를 제안한 것도 장 클라인이었다. 프란시스는 프랑스의 유명한 에콜 폴리테크니크 대학에서 물리학을 전공했고 그래서 자신의 가르침에 명확한 과학적 근거를 제시한다. 그는 명확하고 정확한 가르침으로 이 책에 등장한 제자 루퍼트 스파이러를 포함한 수많은 이들이 자신의 본성을 깨닫도록 도와주었다. 나는 캘리포니아에서 프란시스와 몇 번의 수련을 함께 했으며 그의 센터에서 그와 많은 시간을 함께 보내는 기쁨 또한 누릴 수 있었다. 프란시스는 매년 유럽과 미국에서 수련회를 진행하고 있으며 (주말에는) 라이브 웹캐스트를 통해 개인 만남 또한 진행한다. 어디에 있든 장소에 상관없이 그 만남에 참여하면 훌륭한 스승 프란시스의 따뜻한 환대를 경험할 수 있을 것이다. 저서로는 《진실 사랑 아름다움》, 《침묵의 향기》, 《이터너티 나우-Eternity Now》 등이 있고 나는 그 모든 책을 여러 번 읽었다. 수련회와 개인 만남에서 배울 수 있는 그의 훌륭한 가르침에 대해 더 알고 싶다면 advaitachannel. francislucille.com을 참조하라.

샥티 카테리나 마기 Shakti Caterina Maggi

샥티 카테리나 마기는 2003년 깨달음을 얻은 후 지난 9년 동안 '하나의 의식'인 우리의 본성을 깨우치라는 가르침을 전하고 있다. 그녀는 이탈리아에 사는 이탈리아인으로 유럽과 전 세계에서 수련회를 개최하고 있으며 온라인 웨비나로도 사람들을 만나고 있다. 모임은 이탈리아어로 진행되며 일부는 영어로도 진행된다. 나는 영적 컨퍼런스에 참석해 샥티를 처음 만났는데, 그녀의 이야기와 존재가 나에게 많은 영향을 미쳤다. 그녀의 이야기는 《존재의 신비에 관하여 On the Mystery of Being》에서도 찾아볼 수 있다. 영어로 블로그를 운영하고 있으며 그녀의 웹사이트 shakticaterinamaggi. com에서 통찰력 있는 더 많은 글을 볼 수 있다.

라마나 마하르쉬 Ramana Maharshi

고故 라마나 마하르쉬는 전설적인 존재이다. 1896년, 열여섯 살의 나이로 죽음에 대한 극심한 두려움에 사로잡힌 그는 가만히 누워 죽음을 완전히 받아들였다. 바로 그 순간, 그는 평범한 인간에서 죽음 없는 영혼이 되었다. 그날부터 육체를 가진 인간으로 보이는 라마나는 오직 타인의 눈에만 존재했다. 그의 관점에서는 오직 알아차림이라는 무한한 공간만 존재했다. 라마나는 자기 탐구를 통해 깨어날 수 있는 정확한 방법을 가르치며, 이 책에 등장한 수많은 스승 또한 그 방법을 사용했다. 그는 존재하는 모든 것의 근본이자 유일한 실재인 자신의 가장 깊은 내면으로 들어가길 촉구한다. 나는 라마나 마하르쉬의 가르침을 통해 삶이 변한 수많은 사람 중 한 명일 뿐이다. 그 전설적인 존재에 대해 더 알고 싶다면 무료로 다양한 책을 제공하고 있는 그의 웹사이트 sriramanamaharshi.org를 참조하라.

무지 Mooji

자메이카에서 태어난 무지는 10대에 런던으로 건너갔다. 지금은 포르투갈에 거주하며 자아실현 센터 몬테 사하자 Monte Sahaja를 설립해 운영하고 있다. 무지의 영적 깨달음은 1987년 기독교 신비주의자와의 만남을 통해 시작되었으며 1993년 인도에서 명성을 떨치던 현자 파파지의 가르침으로 완성되었다. 그 이후로 수많은 사람이 영적인 지도를 받기 위해 무지를 찾았고 많은 이들이 자신의 본성을 깨달았다. 그의 심오한 가르침은 전 세계적으로 널리 퍼졌으며 특히 유튜브에서 그의 강연과 종교 집회를 자유롭게 시청할 수 있다. 무지는 진실을 전하기 위해 그만의 유머 감각, 비유, 스토리텔링, 은유 등을 적재적소에 활용해 많은 이들의 공감을 얻고 있다. 나 역시 다른 사람들처럼 수백 편이 넘는 그의 강연을 온라인에서 시청했다. 나는 딸과 함께 무지의 수련회에 참석하기 위해 포르투갈을 찾았고 딸은 그 수련회에서 자신의 진정한 자아를 경험했다. 무지의 가르침을 확실히 느꼈던 순간이었다. 그의 저서로는 《드높은 하늘처럼, 무한한 공간처럼》, 《하얀 불》, 《신의 어금니The Mala of God》, (당신의 진정한 자아를 깨달을 수 있는 얇지만 위대한 책) 《자유로의 초대Invitation to Freedom》 등이 있다. 그 아름다운 존재의 가르침에 대해 더 알고 싶다면 그의 홈페이지 mooji.org를 참조하라.

나의 스승My Teacher

익명으로 남길 원했던 나의 스승은 내가 가장 존경하는 두 분의 스승, 레스터 레븐슨과 로버트 애덤스의 제자이다. 4년 전 처음 만나 그의 앞에 섰을 때의 기쁨은 이루 말할 수 없었다. 그와 같은 기쁨을 느끼면 그 순간이 영원하길 바라게 된다. 그런 기쁨이 곧 우리의 본성이다! 하지만 불행하게도 그 기쁨은 영원히 지속되지 않았다. 곧 나의 마음이 불행과 스트레스를 가지고 돌아왔기 때문이다. 하지만 그녀의 지도하에 (이 책에서 나눈) 그녀의 방법을 세심하게 따르고 그녀와 정기적으로 함께 시간을 보내면서 내 마음은 점점 약해졌다. 이제 나는 대부분의 시간 동안 평화와 행복을 느끼며, 모든 사람 또한 그렇게 될 수 있음을 알고 있다.

잭 오키프Jac O'Keeffe

잭 오키프는 아일랜드 사람으로 현재 플로리다에 거주하고 있다. 잭은 10여

년 전 진실을 발견하고 깨달음을 얻었다. 마음의 한계를 넓히는 데 있어서는 잭의 가르침보다 더 나은 것을 찾을 수 없을 것이다. 명확하고 솔직한 태도로 유명한 잭은 수련회와 워크숍은 물론 학생들을 위한 개인 세션도 운영한다. 나는 몇 년 전 온라인에서 잭을 발견했는데 그녀의 가르침이 내게는 청량제와 같았고 운 좋게 그녀의 강연에 직접 참여할 기회도 있었다. 더 영감을 얻고 싶다면 잭의 저서《자유롭기 위해 태어나다Born to Be Free》와 《영적인 반항아가 되는 법How to Be a Spiritual Rebel》을 읽어보라. 이 책에 등장하는 모든 스승처럼 잭은 마음이 유발하는 불필요한 고통에서 인류를 해방시키고 진정한 자아의 기쁨과 행복 속에서 살 수 있도록 돕는데 전념하고 있다. 그녀의 웹사이트는 jac-okeeffe.com이다.

막스 플랑크Max Planck

독일의 물리학자 막스 플랑크는 이론 물리학에 지대한 공헌을 했으며 1918년 그에게 노벨상을 안겨준 에너지 양자의 발견 덕분에 본격적으로 이름을 알리기 시작했다. 이 이론은 원자 및 아원자 구조의 이해에 혁신을 일으켰다.

슈리 푼자Sri Poonja

제자들이 '사랑하는 아버지'라는 뜻의 '파파지Papaji'로 부르는 슈리 푼자는 인도에서 태어났다. 그의 제자 중 한 명이 바로 무지다. 파파지는 어린 시절부터 영성에 이끌려 아홉 살에 처음으로 영적 경험을 했다. 파파지의 영적 탐구는 약 30여 년 후, 라마나 마하르쉬를 만나 자신의 진정한 자아를 깨달으며 마무리되었다. 1980년대와 1990년대에 수천 명의 사람이 파파지의 기운을 받기 위해 인도의 러크나우에 모여들었다. 그는 1997년 육체를 떠났다. 파파지의 가르침에 대해 더 알고 싶다면 avadhuta.com을 참조하라.

장미십자회 Rose Cross Order

책의 서문과 전반에 걸쳐 스페인 카나리아 제도에 본부를 두고 있는 장미십자회에 대해 언급했다. 나는 인류의 의식을 고양시키는 데 전념하는 이 비영리단체의 명예회원이기도 하다. 장미십자회는 14세기에 유럽에서 시작되었으나 그 이전에 바빌론, 이집트, 그리스, 로마, 혹은 그보다 더 이전부터 번성했던 고대 지식 학파 Ancient Schools of Knowledge를 영적으로 계승한 단체이기도 하다. 장미십자회에는 진리로 인류를 고통에서 구하기 위해 수 세기 동안 위험을 무릅쓰며 은밀하게 노력해 왔던 뛰어난 존재들이 많았다. 프란시스 베이컨은 일생을 장미십자회 단장으로 활동했고 아이작 뉴턴도 회원이었으며 그 외에도 많은 유명인사가 장미십자회와 인연을 맺었다. 현재 단장인 앙헬 마르틴 벨라요스는 수년 동안 나의 멘토가 되어주었다. 나는 10여 년 동안 장미십자회의 가르침을 공부하면서 영어로 된 22단계의 가르침을 완수한 덕분에 진리를 찾고 이해하는 데 엄청난 도움을 받았다. 장미십자회에 대한 더 자세한 내용은 www.rosicrucian-order.com을 참조하라.

루미 Rumi

루미는 13세기 이슬람교 신비주의자이자 시인이다. 루미의 날카로운 진리의 말은 종교, 지리, 영적 전통의 모든 경계를 초월해 영향을 미쳤으며 그의 시는 지금까지도 전 세계에서 소중히 읽히고 있다.

피터 러셀 Peter Russell

피터 러셀은 케임브리지 대학에서 물리학과 수학을 전공했지만, 평생 과학과 영적 전통에 대한 공부를 놓지 않았다.《글로벌 브레인 The Global Brain》,《TM 기술 The TM Technique》,《제때 일어나기 Waking Up in Time》,《과학에서 신으로 From Science to God》,《의식혁명 The Consciousness Revolution》등 다수의 책을 집필했고 나는 새너제이에서 열린 과학과 비이원성 컨퍼런스에서 그의 강연을 듣는 기쁨을 누리기도 했다. 폭넓은 가르침이 담긴 그의 많은 강연은 peterrussell.com에서 무료로 들을 수 있다.

루퍼트 스파이러 Rupert Spira

루퍼트 스파이러는 영국인으로 영국에 거주하며, 영국은 물론 유럽과 미국에서도 정기적으로 수련회와 피정을 개최한다. 예술가이자 도예가였던 루퍼트는 20년간의 수행과 명상 끝에 스승인 프란시스 루실의 도움으로 자신의 본성을 깨달았다. 루퍼트의 명료하면서도 친밀한 교수법은 수많은 이들의 삶을 변화시켰다. 특히 루퍼트는 내가 몸과의 동일시에서 벗어나는 과정에 지대한 영향을 끼쳤다. 루퍼트는 제자들의 질문에 모호한 개념으로만 답해 주는 것이 아니라 제자들이 답을 직접 경험해 볼 수 있도록 공들여 도와준다. 그가 진행하는 명상이나 강연 영상 및 오디오는 그의 웹 사이트에서 찾아볼 수 있다. 루퍼트의 저서로는 《의식의 본성The Nature of Consciousness》, 《투명한 몸, 빛나는 세계Transparent Body, Luminous World》, 《순수한 앎의 빛The Light of Pure Knowing》, 《사물의 투명성》, 《평화와 행복의 기술》, 《모든 경험의 친밀함The Intimacy of All Experience》, 《알아차림을 알아차리기》, 《사랑의 잿더미》가 있으며 나는 그 모두를 읽었다. 더 알고 싶다면 rupertspira. com을 참조하라.

에크하르트 톨레Eckhart Tolle

에크하르트 톨레는 독일에서 태어난 영적 스승이자 작가이다. 오랜 시간 우울증에 빠져 살다가 스물아홉 살이 되던 해 심오한 내적 변화를 겪고 인생의 전환점을 맞았다. 52개 이상의 언어로 번역된 세계적인 베스트셀러 《지금 이 순간을 살아라》와 《삶으로 다시 떠오르기A New Earth》를 통해 지금 이 순간에 사는 것의 기쁨과 자유를 수백만 독자에게 알려 주었다. 심오하면서도 단순한 그의 가르침은 수많은 이들이 내면의 평화를 찾고 더 큰 성취를 이루는 데 지대한 영향을 끼쳤다. 그의 가르침의 핵심은 그가 인간 진화의 다음 단계로 보는 영적 깨어남이다. 그 깨어남의 본질은 에고를 토대로 한 의식 상태를 초월하는 것이다. 나 역시 수백만의 다른 사람들처럼 그의 책 《지금 이 순간을 살아라》로 그의 가르침에 대해 처음 알게 되었다. 나는 그 책을 읽으면서 영적으로 많은 변화를 경험했고 그의 다른 책 《이 순간의 나Practicing the Power of Now》를 가지고 다니며 몇 년 동안 그의

가르침을 실천했다. 그의 다른 저서로는《고요함의 지혜》와 어린이들을
위한 책《내 마음의 길잡이, 개와 고양이Guardians of Being》,《밀턴의 비
밀Milton's Secret》이 있다. 전 세계를 돌아다니며 강연을 하는 에크하르트는
에고로 고통받는 수많은 이들을 자유롭게 하면서 인류에 지대한 공헌을
하고 있다. 에크하르트의 웹사이트는 eckharttolle.com이다.

우파니샤드Upanishads

우파니샤드는 기원전 800년에서 200년경에 쓰여진, 영적 가르침이 담긴
고대 산스크리트어 문헌으로 힌두교의 가장 오래된 경전인 베다의 일부
이다.

앨런 와츠ALAN WATTS

고故 앨런 와츠는 영국의 저술가이자 동양 철학을 서양에 대중화시킨 스승
이다. 그의 아름다운 강연들은 그가 육체를 떠난 1973년 이후에도 오랫동
안 전 세계에서 인기를 얻고 있다. 앨런은 25권의 책을 집필했으며 (나는
그중 다수를 읽었다.)《책을 위한 책The Book》,《불안이 주는 지혜The Wisdom
of Insecurity》,《선의 길The Way of Zen》이 특히 널리 알려졌다. 그의 후손들이
앨런의 강연 일부를 온라인에 공개했고, 인류를 위한 그의 공헌이 다음
세대에도 이어질 수 있도록 웹사이트에서도 그의 강연을 보존하고 있다.
alanwatts.org를 참조하라.

파멜라 윌슨Pamela Wilson

북부 캘리포니아 베이 지역에 사는 파멜라 윌슨은 레스터 레븐슨과 로버트 애덤스의 제자였다. 그녀는 20여 년 이상 미국과 캐나다, 유럽 전역을 여행하며 비이원성 전통에 대한 명상과 강연, 개인 면담을 진행하고 있다. 그녀는 다정하고 자비로운 스승으로 나는 그녀의 강연에 여러 번 참석하는 행운을 누렸다. 그녀는 과학과 비이원성 사이트의《존재의 신비에 관하여On the Mystery of Being》라는 책에도 등장한다. 파멜라의 가르침에 대해 더 알고 싶다면 그녀의 웹사이트 pamelasatsang.com을 참조하라.

파라마한사 요가난다Paramahansa Yogananda

세상에 태어난 지 100년이 넘는 지금까지 세계적으로 사랑받는 그는 인도 서부의 옛 지혜를 가장 잘 이해하는 훌륭한 스승으로 인정받고 있다. 그의 삶과 가르침은 인종, 문화, 신념을 초월한 수많은 사람에게 빛과 영감의 원천이 되고 있다. 그의 제자 중에는 과학, 비즈니스, 예술 등 다양한 분야의 탁월한 인물이 많으며 그는 백악관에서 캘빈 쿨리지 대통령의 영접을 받기도 했다. 다른 사람들처럼 나 역시 수백만 부가 판매된 그의 저서《요가난다, 영혼의 자서전Autobiography of a Yogi》을 통해 그의 가르침을 처음 접했다. 많은 이들을 영적 혁명으로 이끈 잊을 수 없는 그 책은 나에게도 심오한 영향을 끼쳤다. 그 책은 (요가난다가 설립한) 자아실현협회Self-Realization Fellowship의 웹사이트에서 온라인으로도 읽을 수 있다. 그는 다른 책도 많이 집필했으며, 그의 웹사이트 yogananda.org를 구독하면 요가난다가 직접 쓴 자아실현협회의 강의록들을 받아볼 수 있다.

위대한 시크릿
THE GREATEST SECRET

1판 1쇄 발행 2021년 3월 25일
1판 6쇄 발행 2024년 7월 1일

지은이 론다 번
옮긴이 임현경

발행인 양원석 **편집장** 정효진
디자인 남미현, 김미선 **영업마케팅** 윤우성, 박소정, 이현주

펴낸 곳 ㈜알에이치코리아
주소 서울시 금천구 가산디지털2로 53, 20층 (가산동, 한라시그마밸리)
편집문의 02-6443-8847 **도서문의** 02-6443-8800
홈페이지 http://rhk.co.kr
등록 2004년 1월 15일 제2-3726호

ISBN 978-89-255-8899-5 (03320)

음을 열어라.

- 자신의 진정한 모습을 온전히 인식할 때, 모든 문제와 분노, 상처와 걱정, 두려움이 사라질 것이고 기쁨과 긍정적 사고, 성취감과 충만함, 평화가 당신 안에 가득 찰 것이다.

2장

위대한 비밀, 밝혀지다

The Greatest Secret: Revealed

"너무 가까워서 볼 수 없다.
너무 신비로워서 마음이 이해할 수 없다.
너무 단순해서 믿을 수 없다.
너무 훌륭해서 받아들일 수 없다."
— 로크 켈리,《자유로의 전환Shift into Freedom》상빠까규 티벳 불교 전통에 대하여

왜 그토록 소수의 사람만이 그 진실을 발견했을까? 왜 대다수의 사람은 자신의 진정한 모습을 깨닫지 못했는가? 어떻게 수십억 명의 사람이 우리의 행복에 그토록 중요한 무언가를 놓친 것일까?

우리가 그 위대한 비밀을 발견하지 못한 이유는 오직 한 가지 사소한 장애물 때문이다. 바로 믿음이다! 그 단 한 가지 믿음 때문에 우리는 위대한 발견을 할 수 없었다. 그것은 바로 우리가 곧 우리의 몸과 마음이라는 믿음이다.

당신은 당신의 몸이 아니다

"우리는 우리가 몸이 아니라는 사실을 배우기 위해 몸을 가지고 이 세상에
태어났다."
— 레스터 레븐슨,《세도나 마음혁명》

한 장소에서 다른 장소로 이동하기 위해 자동차를 사용하듯 당신의 몸은
당신이 움직여 세상을 경험하기 위해 사용하는 수단이다.

"자동차를 가지고 있다고 당신이 곧 자동차라고 말하지 않는다. 그런데 왜
몸이 있다고 당신이 곧 몸이라고 말하는가?"
— 레스터 레븐슨,《세도나 마음혁명》

물질로 이루어진 당신의 몸은 의식이 없다. 몸은 자신이 몸인지 모르지만
'당신'은 그것이 몸이라는 걸 알고 있다. 발가락은 자신이 발가락인지 모르
고 손목은 자신이 손목인지 모르고 머리는 자신이 머리인지, 뇌는 자신이
뇌인지 모른다. 하지만 '당신'은 당신 몸의 구석구석을 알고 있다. 당신은
몸의 모든 부분을 알지만 각 부분은 당신을 모르는데 어떻게 당신이 곧 몸
일 수 있는가?

과거의 위대한 존재들이 인간의 진정한 모습에 대한 비밀을 풀 수 있었던
것은 바로 이와 같은 날카로운 질문들 덕분이었다.